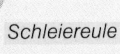

Schleiereule

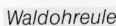

Waldohreule

Zwergohreule

Uhu

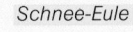

Schnee-Eule

Sumpfohreule

kosmos Naturführer

Theodor Mebs

Eulen und Käuze

*Alle europäischen
Eulen und Käuze*

Kosmos · Gesellschaft der
Naturfreunde
Franckh'sche Verlagshandlung
Stuttgart

Mit 67 Farbfotos von F. Adam (1),
Bio-Info (7), H. D. Brandl (5),
J. Diedrich (1), H. Gasow (1),
P. Hassfurth (1), H. Hautala (2),
W. Layer (2), A. Leinonen (1),
A. Limbrunner (3), D. Nill (1),
H. Reinhard (5), W. Rummel (5),
F. Sauer (6), G. Sauer (3),
K. Schendel (1), W. Scherzinger
(6), H. Schrempp (5), K. Storsberg
(3), G. Wendl (1), K. Wothe (2) und
P. Zeininger (5) sowie
53 Farb- und Schwarzweißzeich-
nungen von Steffen Walentowitz
(29), E. Walter (3), Friedhelm Weick
(17) und Werner Weiß (4).

Umschlag von Kaselow Design,
München, unter Verwendung einer
Aufnahme von Hans Dieter Brandl.
Das Bild zeigt das Porträt eines
Bartkauzes (Strix nebulosa).

CIP-Kurztitelaufnahme
der Deutschen Bibliothek

Mebs, Theodor:
Eulen und Käuze : alle europ.
Eulen u. Käuze ; [mit Hilfsmaßnah-
men zum aktiven Artenschutz] /
Theodor Mebs. – 6., völlig neue
Aufl. – Stuttgart : Franckh, 1987.
  (Kosmos-Naturführer)
  ISBN 3-440-05708-9

6., völlig neue Auflage
Franckh'sche Verlagshandlung,
W. Keller & Co., Stuttgart/1987
LH 14 ste / ISBN 3-440-05708-9
Printed in Germany/Imprimé en
Allemagne
Satz: G. Müller, Heilbronn
Herstellung: Sellier Druck, Freising

Eulen und Käuze

Zu diesem Buch

Dieses Buch stellt die völlige Neubearbeitung des vor 20 Jahren erstmals erschienenen Kosmos-Naturführers „Eulen und Käuze" dar, von dem es inzwischen 5 Auflagen gegeben hat.

Einer neuen Konzeption des Verlages folgend, soll dieser „Aktiv-Naturführer" nicht nur Artenkenntnis vermitteln, zuverlässige Bestimmung ermöglichen sowie über Biologie, Verhalten und Biotopansprüche der verschiedenen Eulenarten informieren, sondern er soll gleichzeitig den Leser zu eigenem Tun anleiten und ihm Möglichkeiten aufzeigen, im Artenschutz aktiv mitzuhelfen. Während es sonst bei den meisten bestandsgefährdeten Tier- und Pflanzenarten in erster Linie um die Erhaltung bzw. Wiederherstellung geeigneter Lebensräume geht – was in der Regel nur durch Unterschutzstellung, Ankauf oder Pacht von Flächen mit entsprechendem Kostenaufwand möglich ist –, können speziell bei Eulen gezielte Artenschutzmaßnahmen stattfinden. Hierzu einige Beispiele:

– **Schleiereule** und **Steinkauz** leiden vor allem unter Wohnungsnot durch Mangel an geeigneten, störungsfreien Brutplätzen. Hier können Naturfreunde gezielt helfen durch
Bestandsaufnahmen
Erhaltung natürlicher Brutplätze (in Zusammenarbeit mit den Grundstückseigentümern)
Schaffung neuer, störungs-freier Brutplätze, ebenfalls in Verbindung mit Öffentlichkeitsarbeit.

– Beim **Rauhfußkauz** hat das Anbringen mardersicherer Nistkästen in den letzten zwei Jahrzehnten zu einer deutlichen Bestandszunahme und Ausbreitung geführt, zumal der Kauz mit dieser Methode auch in Gebieten mit Fichtenforsten angesiedelt werden kann, in denen er sonst kaum natürliche Brutplätze findet.

– Beim **Uhu** haben Wiedereinbürgerungsmaßnahmen in den beiden letzten Jahrzehnten den Erfolg gebracht, daß diese größte einheimische Eule heute wieder in den Ländern Rheinland-Pfalz, Saarland, Hessen, Nordrhein-Westfalen, Niedersachsen und Schleswig-Holstein als Brutvogel vorkommt, wo diese Art bereits ausgestorben war. Es ist jetzt zu prüfen, ob sich der Bestand aus eigener Kraft halten kann.

Der Titel dieses Buches „Eulen und Käuze" will hier nicht im wissenschaftlichen Sinne verstanden sein, sondern so, wie man im allgemeinen Sprachgebrauch die Angehörigen dieser Vogelgruppe teils als Eulen bzw. Ohreulen, teils als Käuze bezeichnet. In der systematischen Einteilung hat die ganze Ordnung den Namen Eulen (Strigiformes) – dies ist also der übergeordnete Begriff, so daß auch die Käuze in diesem Sinne Eulen sind.

Möge dieser „Aktiv-Naturführer" den Eulen viele neue Freunde gewinnen und zur Förderung des Artenschutzes beitragen!

Bochum 1986

Th. Mebs

(Dr. Theodor Mebs)

Das Leben der Eulen

Die Eulen (Strigiformes) stellen eine sehr eigenartige, selbständige Vogelgruppe dar, die in einer Vielzahl von Arten über die ganze Erde verbreitet und in allen Landschaftsformen und Klimazonen zu finden ist und stammesgeschichtlich sehr alt sein muß.

Die meisten – durchaus nicht alle! – Eulen-Arten sind dämmerungs- und nachtaktiv und vorzüglich an diese Lebensweise angepaßt. Bei hellem Tageslicht jagen vor allem die nordischen Arten, wie Schnee-Eule und Sperbereule, aber auch der Sperlingskauz und in geringerem Maße der Steinkauz.

Typische Merkmale einer Eule sind:

– *Ein dicker Kopf*
Dieser Eindruck wird allerdings nur durch die sehr reiche und lockere Befiederung hervorgerufen.
– *Sehr große, nach vorn gerichtete Augen*
Dadurch erhält das Eulengesicht etwas sehr Ausdrucksvolles, fast Menschenähnliches, was wohl auch die alten Griechen dazu veranlaßte, die Eule als Sinnbild der Weisheit zu betrachten. (In Wirklichkeit ist das Gehirn der Eulen verhältnismäßig klein!)
– *Ein „Schleier"*
d. h. ein trichterförmiger Kranz starrer Federchen um jedes Auge, der dazu dient, den Schall zu bündeln und zu den Ohröffnungen zu leiten.
Bei den nachtaktiven Eulen ist dieser Schleier stärker ausgebildet als bei den Arten, die am Tage jagen.

Trotz äußerlicher Ähnlichkeiten – gekrümmter Schnabel und scharfe, dolchartige Fänge – und ähnlicher Jagd- und Ernährungsweisen besteht keine nähere Verwandtschaft mit den Greifvögeln – wie oft irrtümlich angenommen.

Sehen – am Tag und in der Nacht

Dadurch, daß die großen Eulenaugen ziemlich fest mit dem Schädel verbunden, also nicht beweglich, sondern starr nach vorn gerichtet sind, ist das Blickfeld der Eule ziemlich klein. Bei der Schleiereule umfaßt es beispielsweise nur einen Winkel von 160°. Zum Ausgleich dazu ist der Kopf außerordentlich weit drehbar – nämlich bis 270°. Mit anderen Worten: Eine sitzende Eule kann ihren Kopf aus der Grundstellung so weit nach rechts herumdrehen, bis sie über die linke Schulter schaut.

Die Iris der Augen ist bei den meisten Eulen gelb oder gelbrot, bei Schleiereule, Waldkauz und Habichtskauz dagegen schwarzbraun.

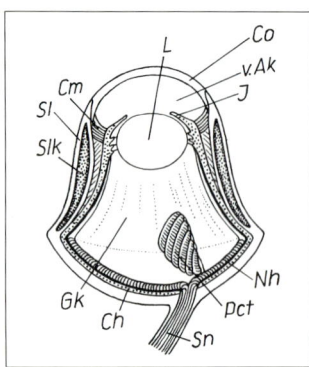

Gesicht einer jungen Waldohreule.
Aufnahme F. Sauer

Der Bau des Auges ist teleskopartig gestreckt, die riesige Hornhaut gibt einem nachts sehr großen Sehloch Platz, so daß auch wenig Licht noch verhältnismäßig gut ausgenützt werden kann. Noch bei schwachem Sternenlicht können Eulen im Flug recht gewandt irgendwelchen Hindernissen ausweichen. Bei völliger Dunkelheit sehen sie allerdings auch nichts mehr.

In der Netzhaut herrschen die Stäbchen vor, die für das Gestaltsehen (Hell-Dunkel-Unterschiede) verantwortlich sind. Aber es sind auch noch genügend Zäpfchen vorhanden, um ein Erkennen der Grundfarben zu ermöglichen.

Es scheint ein weitverbreiteter Irrtum zu sein, daß Eulen am Tage nicht sehen könnten: Sie können sogar ausgezeichnet sehen, oft besser als wir Menschen! Und sie reagieren selbst auf hoch am Himmel fliegende Vögel, die nur noch als Punkt zu erkennen sind. Dabei macht es ihnen nichts aus, direkt in die Sonne zu schauen. Allerdings scheinen alle Eulen weitsichtig zu sein, denn in nächster Nähe können sie nichts erkennen. So sehen sie – am Boden stehend – z. B. nicht, ob etwas Freßbares vor ihren Füßen liegt, sondern müssen dies mit den Zehen oder den Schnabelborsten ertasten.

Das Ohr – wichtiges Sinnesorgan nachtaktiver Tiere

Die eigentlichen Ohren der Eulen sind Öffnungen, die etwa in gleicher Höhe mit den Augen beiderseits hinter dem Gesichtsschleier verborgen liegen, bei manchen Arten in großen aufklappbaren, nackten Hautfalten. Das Gehör ist bei keiner Vogelgruppe in solcher Verfeinerung entwickelt wie bei den nächtlich jagenden Eulen. Sie sind offenbar in der Lage, ein Beutetier allein durch das Gehör genau zu lokalisieren und den Stoß ohne Hilfe des Auges auszuführen. Dabei spielt auch der Gesichtsschleier eine große Rolle. Er kann sogar willkürlich aufgerichtet werden, um auch die von hinten kommenden Schallwellen aufzufangen.

menziehen des Gesichts- und Stirngefieders steil aufgerichtet: Es entsteht das sogenannte „Bocks-Gesicht". Die Federohren erinnern dann an die Ohren oder Hörner von Säugetieren, obwohl sie damit natürlich nichts zu tun haben.

Weiches Gefieder – leiser Flug – ungewarnte Beutetiere

Die Waldohreule und der Uhu besitzen auffallende lange Federohren, die aus Büscheln von 6 – 8 Federn bestehen; bei der Zwergohreule und bei der Sumpfohreule sind die Ohrbüschel dagegen kürzer und oft kaum sichtbar. Die Bedeutung der Federohren ist nicht genau bekannt, vielleicht dienen sie zum Drohen und Abschrecken. In der Erregung, bei nahender Gefahr werden sie nämlich durch gleichzeitiges Zusam-

Alle Eulen besitzen ein sehr weiches Gefieder, das als Anpassung an das Nachtleben und an den leisen Flug betrachtet werden kann. Besonders bedeutungsvoll in dieser Hinsicht ist die Zähnelung an der Außenfahne der vordersten Schwungfedern, denn sie ermöglicht den lautlosen Flug. Dieser hat bei der Jagd zwei Vorteile:
Zum einen kann die Eule selbst besser auf Geräusche achten, zum anderen werden die Beutetiere nicht vorzeitig durch Fluggeräusche gewarnt.
Bei der Schleiereule ist die Zähnelung auf die äußerste Schwungfeder beschränkt,

Zähnelung an der äußeren Schwungfeder der Schleiereule. Aufnahme H. Schrempp.

Fang einer Waldohreule mit Wendezehe. Zeichnung E. Walter.

während sie bei den anderen Eulen auch auf die zweite oder sogar dritte Außenfahne übergreift. Die Schwungfedern der tagaktiven Arten (Sperlingskauz und Sperbereule) sind nur schwach gezähnelt, so daß bei ihnen deutliche Fluggeräusche zu hören sind.

In ihrer Färbung und in ihrer oft sehr eigenartigen, kontrastreichen Zeichnung sind Eulenfedern ganz besonders schön, sowohl die großen Schwungfedern als auch die feinstrahligen Flaumfedern. Durch das Nebeneinander von hellen und dunklen Tönen besitzt das Gefieder allgemein eine gute Schutzfärbung für die Tagesruhe.

Meist sind die Läufe und Zehen bis zu den Krallen befiedert, bei manchen Arten sogar sehr dicht.

Die vierte Zehe des Eulenfußes ist eine Wendezehe, d. h., sie kann willkürlich nach vorn oder nach hinten gewendet werden. Einen Ast, auf dem sie sitzt, umklammert eine Eule meist in der Weise, daß zwei Zehen (die zweite und die dritte) nach vorn und zwei Zehen (die erste und die vierte) nach hinten zeigen.

Nahrungserwerb und Vorratshaltung

Die Eulen ernähren sich in der Hauptsache durch Erbeuten von warmblütigen Tieren, überwiegend von kleinen Säugern. Sie töten ihre Beutetiere durch den Griff der scharfen Fänge oder durch einen Schnabelbiß in den Nacken, beißen sie stets

Rauhfußkauz mit erbeuteter Haselmaus. Aufnahme G. Sauer.

vom Kopf her an und verschlingen sie oft unzerteilt.

Im Gegensatz zu den Greifvögeln, die einen Kropf haben und somit auf Vorrat fressen können, besitzen die Eulen keine derartige Erweiterung des Schlundes. Sie sind daher nicht in der Lage, sehr viel Nahrung auf einmal zu sich zu nehmen. Allerdings helfen sie sich vielfach damit, daß sie restliche oder überschüssige Beute deponieren, um sie bei Bedarf zu verwenden, etwa bei ungünstigen Jagdmöglichkeiten infolge schlechten Wetters. Am häufigsten ist dieses Deponieren von Beute bei allen Eulenarten während der Brutzeit festzustellen, solange das Weibchen auf den Eiern oder den kleinen Jungen sitzt. Dann kann man nicht selten einen Vorrat von einem Dutzend Mäusen oder anderen Beutetieren rings um den Brutplatz angesammelt finden. Manche Arten legen aber solche Beutevorräte in Höhlungen auch außerhalb der Fortpflanzungszeit an, vor allem während des Herbstes und Winters. Vielfach nachgewiesen ist dieses Verhalten beim Sperlingskauz, der dazu gern auch künstliche Nisthöhlen benutzt.

Gewölle – wichtige Hinweise auf Art und Zahl der Beutetiere

An den Plätzen der Tagesruhe und der Brut findet man die Gewölle der Eulen mit den unverdaulichen Resten der Beutetiere. Es sind rundliche, verfilzte Ballen, die nach Abschluß der Magenverdauung, mehrere Stunden nach dem Fressen, durch den Schnabel ausgewürgt werden. Im allgemeinen enthalten sie neben den Haaren oder Federn auch sämtliche Knochen der Beutetiere – im Gegensatz zu den Gewöllen der Greifvögel, bei denen die Knochen großenteils verdaut werden. In chemischer Hinsicht ist dieser Unterschied im Verdauungsvermögen noch nicht völlig geklärt. Bei jungen Eulen kommt es vor, daß sie – offenbar wegen des Kalkbedarfs zur Wachstumszeit – ebenfalls keine Knochen in den Gewöllen haben. In der Farbe sind die Gewölle meist hell- bis dunkelgrau, abgesehen von der Schleiereule, deren Gewölle schwärzlich sind.

Bei sorgsamer Zergliederung und Untersuchung der Gewölle erhält man anhand der vollständig und sauber erhaltenen Skelett-Teile recht genaue und umfassende Aufschlüsse über Art und Zahl der Beutetiere. Zur Artbestimmung – wie etwa zur Unterscheidung der verschiedenen Mäusearten – sind allerdings gewisse Spezialkenntnisse erforderlich, die man sich aber bei einiger Übung, mit Hilfe von Bestimmungsbüchern und durch Anlegen einer Vergleichssammlung relativ leicht aneignen kann.

In der Tabelle auf Seite 16 sind einige Angaben über Größe, Aussehen und Unterscheidungsmerkmale der Gewölle der 8 in Mitteleuropa brütenden Eulenarten zum Vergleich zusammengestellt.

Wenn sich auch durch weitere Analysen von Gewöllaufsammlungen das Gesamternährungsbild der einzelnen Eulenarten in Zukunft kaum mehr wesentlich ändern dürfte, so sind doch solche Aufsammlungen und Analysen auch heute noch durchaus sinnvoll und in mehrfacher Hinsicht sehr nützlich. Erstens geben sie allgemeinen Aufschluß über die Kleinsäugerfauna in bestimmten Gebieten, zweitens helfen sie beim Auffinden seltener Kleinsäugerarten, und drittens lassen sie auch Rückschlüsse auf die relative Häufigkeit der verschiedenen Kleinsäugerarten eines bestimmten Gebietes im Wechsel der Jahre zu, sogar getrennt nach Jahreszeiten und jeweiligen Witterungsperioden.

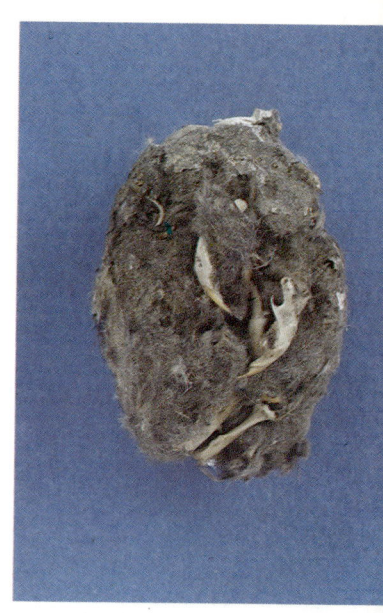

Gewölle einer Schleiereule. Unzerlegt (rechts) und fein säuberlich in seine einzelnen Bestandteile zerlegt (unten), so daß man recht genau sehen kann, welche und wie viele Kleinsäuger der Vogel erbeutet hatte. Aufnahmen H. Schrempp

Gewölle-Vergleichstabelle

Art	Länge Dicke ∅ = Mittelmaße in mm	Unterscheidungs-merkmale
Waldkauz *(Strix aluco)*	25– 80 mm 20–28 mm ∅ = 48 x 24	Ungleichmäßiger und bauchiger als die sonst ähnlichen Gewölle der Waldohreule.
Waldohreule *(Asio otus)*	37– 65 mm 16–27 mm ∅ = 46 x 21	Schlank, gleichmäßig walzenförmig.
Sumpfohreule *(Asio flammeus)*	35– 70 mm 18–26 mm ∅ = 48 x 22	Sehr ähnlich den Gewöllen der Waldohreule und von diesen im allgemeinen nicht zu unterscheiden.
Schleiereule *(Tyto alba)*	22– 80 mm 18–35 mm ∅ = 41 x 26	Verhältnismäßig groß, bauchig und an den Enden abgerundet. Oberfläche mit Speichelüberzug, daher glatt und in frischem Zustand glänzend, von schwärzlicher Färbung.
Steinkauz *(Athene noctua)*	30– 50 mm 10–19 mm ∅ = 37 x 13	Klein, ziemlich schlank und langgestreckt; enthalten in der warmen Jahreszeit meist viele Käferreste.
Rauhfußkauz *(Aegolius funereus)*	18– 35 mm 11–16 mm ∅ = 32 x 15	Bauchig, nicht so schlank wie die vom Steinkauz und ohne Insektenteile.
Sperlingskauz *(Glaucidium passerinum)*	13– 42 mm 8–18 mm ∅ = 27 x 12	Die Knochen in den Gewöllen sind oft sehr zerbissen.
Uhu *(Bubo bubo)*	60–180 mm 30–40 mm ∅ = 72 x 34	Auf Grund ihrer Größe nicht zu verwechseln.

Balz – Brut – Jungenaufzucht

Die Fortpflanzungsperiode der Eulen wird eingeleitet durch die Balz:

In der Dämmerung und nachts lassen die Männchen häufig ihre Balzrufe hören, um sich ein Weibchen heranzulocken und um ihr Revier gegen andere Männchen zu markieren und abzugrenzen. Teilweise geschieht diese Revierabgrenzung schon im Spätherbst.

Fast alle Eulenarten beginnen verhältnismäßig früh im Jahr mit dem Brutgeschäft, teilweise bereits im März, der Waldkauz mitunter sogar schon im Februar. Sie müssen deshalb so zeitig anfangen, weil es in der Regel ziemlich lange dauert, bis die ausgeflogenen Jungen selbständig sind. Die Jungvögel lernen nämlich das Beuteschlagen nur ganz allmählich und müssen bei manchen Arten noch viele Wochen lang von den Eltern mit Nahrung versorgt werden, bis sie schließlich unabhängig sind. So werden beispielsweise junge Waldkäuze, die meist schon Mitte Mai ausfliegen, noch weitere 8–10 Wochen, also bis etwa Anfang August, von ihren Eltern ernährt. Ihr Selbständigwerden fällt dann in die hochsommerliche Zeit des höchsten Beuteangebots, unter Umständen sogar in eine Mäusegradation, zu der es Nahrung im Überfluß gibt.

Ganz allgemein zeigen auch die Eulen eine starke Abhängigkeit vom Nahrungsangebot. Da Mäuse für die meisten Eulenarten die Hauptnahrung bilden, wirken sich die zyklischen Bestandsschwankungen dieser kleinen Nagetiere im Laufe der Jahre oft sehr deutlich auf die Fortpflanzung der Eulen aus, sowohl hinsichtlich der Gelegegröße als auch hinsichtlich des Bruterfolgs.

Am auffälligsten zeigt sich dies in Nordeuropa, wo der regelmäßige Massenwechsel der Wühlmäuse und Lemminge in seinem 3- bis 4jährigen Rhythmus besonders stark ausgeprägt ist. In mäusearmen Jahren schreiten viele Paare überhaupt nicht zur Brut, oder es kommt nur zu kleinen Gelegen und wenigen Jungen. In mäusereichen Jahren werden dagegen nicht selten doppelt so viele Eier gelegt wie in mäusearmen Jahren, und bei manchen Arten kann es bei einer Mäusegradation sogar noch zu einer zweiten Brut im Laufe des Spätsommers kommen. Fast regelmäßig ist dies bei der Schleiereule der Fall, wenn eine Feldmausgradation im Gange ist. Aber auch beim Steinkauz, beim Rauhfußkauz und bei der Waldohreule sind in Einzelfällen Zweitbruten nachgewiesen worden.

Die Brut findet teils in Baumhöhlen oder anderen Höhlungen, teils offen auf alten Nestern anderer Vögel oder am Erdboden statt. Einige Arten brüten überwiegend oder ausschließlich in Höhlen, so Steinkauz, Rauhfußkauz, Sperlingskauz, Zwergohreule, Sperbereule, ursprünglich auch die Schleiereule. Andere Arten brüten teils in Höhlen, teils offen, nämlich Waldkauz, Habichtskauz und Bartkauz. Und die übrigen brüten stets offen auf alten Nestern oder am Erdboden wie Waldohreule, Uhu, Sumpfohreule, Schnee-Eule. Nur die Sumpfohreule zeigt einen mehr oder weniger ausgeprägten Nestbautrieb. Alle anderen scharren le-

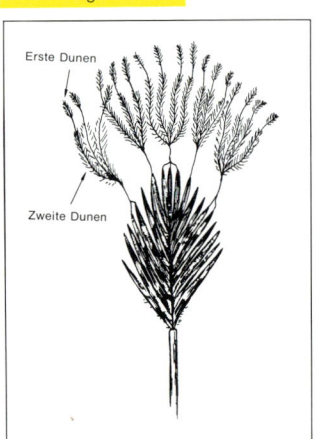

Erste Dunen

Zweite Dunen

diglich eine Mulde. Die Eier liegen dann auf der vorgefundenen Grundlage, in Baumhöhlen auf dem Holzmulm, und erst im Laufe der Bebrütung kommen zerfallene Gewölle als Unterlage hinzu. Bei allen Eulen sind die Eier weiß und in der Regel ziemlich rundlich; häufig zeigen sie eine auffallende Körnung der Schale. Das Weibchen brütet allein und wird vom Männchen mit Nahrung versorgt, oft schon einige Zeit vor Beginn des Legens. Die Eier werden in Abständen von zwei bis mehreren Tagen gelegt und häufig schon vom ersten oder zweiten Ei an bebrütet. Die Brutdauer beträgt im Mittel etwa einen Monat, die Extreme bilden 34 Tage beim Uhu und 25 Tage bei der Zwergohreule.

Die Jungen schlüpfen mit geschlossenen Augen, die sich erst nach einigen Tagen öffnen. Da die Fütterung der Jungen durch das Weibchen ohnedies meist im Dunkeln stattfindet, ist hierbei der Gesichtssinn überflüssig. Die Hauptrolle spielen Tastreize. Das Weibchen reißt die vom Männchen herangetragene Beute in kleine Bissen und berührt damit den Schnabelwinkel der Jungen, worauf sie hineinbeißen und die Nahrung übernehmen.

Auf das Dunenkleid, das die Jungen schon beim Ausschlüpfen tragen (Eidunen oder Neoptil), folgt nach 1–2 Wochen ein Zwischenkleid (Nestdunen oder Mesoptil), das aus Federn von halbduniger Struktur besteht, auf deren Spitzen noch die Eidunen sitzen. Lediglich die

18

Fixierbewegung einer jungen Schleiereule. Zeichnung Friedhelm Weick aus „Glutz & Bauer, Handbuch der Vögel Mitteleuropas, Band 9" Aula-Verlag, Wiesbaden

jungen Schleiereulen haben zwei richtige Dunenkleider. Auch die Reste der Nestdunen haften oft noch eine Zeitlang an den Spitzen der hervorwachsenden endgültigen Federn des Jugendkleides.

Entsprechend den Legeabständen und der Bebrütung vom ersten oder zweiten Ei an ergeben sich bei großen Gelegen beträchtliche Alters- und Größenunterschiede der Jungen. Das Junge aus dem letzten Ei kann 2 bis 3 Wochen jünger sein als sein ältestes Geschwister. Wenn die Nahrung im Laufe der Aufzuchtperiode knapp wird, überleben nur die größeren und stärkeren Jungen, während die kleineren bei den Fütterungen stets zu kurz kommen und verhungern. Meist werden sie mit verfüttert, sobald sie sich nicht mehr normal verhalten.

Auch in der Zeit der Jungenaufzucht beschafft das Männchen zum überwiegenden Teil oder völlig allein die Nahrung für die ganze Familie, während das Weibchen die Jungen mit der vom Männchen übernommenen Beute füttert und in der übrigen Zeit bewacht. Einige Arten verteidigen ihre Brut sehr heftig, vor allem die eben ausgeflogenen Jungen, und greifen dabei in der Dämmerung und nachts auch Menschen an.

Die selbständig gewordenen Jungvögel streichen mehr oder weniger weit umher, bis sie einen zusagenden Ort finden, an dem sie sich ansiedeln. Nur die Zwergohreule ist ein echter Zugvogel. Aber auch die Sumpfohreule führt sehr weite Wanderungen aus. Die Verluste unter den Jungeulen im ersten Lebensjahr sind meist ziemlich groß, und nur ein relativ kleiner Prozentsatz überlebt und erreicht die Brutreife. Dies ist bei der Mehrzahl der Arten schon in dem auf die Geburt folgenden Jahr der Fall, nur bei den großen Arten, Uhu, Schnee-Eule und Bartkauz, meist erst im Alter von 2 Jahren.

Die Eulen Europas, ihr Vorkommen in Deutschland und ihre Bestandsgefährdung

In Europa kommen insgesamt 13 verschiedene Eulenarten als Brutvögel vor.

Der Größenunterschied (siehe auch Vor- und Nachsatz dieses Buches) zwischen dem größten und dem kleinsten Vertreter dieser Vogelgruppe ist sehr beträchtlich. Unsere größte Eule – übrigens die größte überhaupt – ist der Uhu mit einer Flügelspannweite bis zu 180 cm und einem Gewicht bis zu 3200 g. Der Sperlingskauz dagegen, unsere kleinste Eule, weist eine Flügelspannweite von nur 35 cm und ein Gewicht von nur 68 g auf!

Einige der 13 Arten sind in ihrer Verbreitung nur auf einen relativ kleinen Teil Europas beschränkt:

So brüten die **Sperbereule**, die **Schnee-Eule** und der **Bartkauz** nur im nördlichen Skandinavien und in Finnland sowie im Norden der europäischen Sowjetunion. Nur selten und unregelmäßig erscheinen Sperbereule und Schnee-Eule als Wintergäste in Deutschland.

Der **Habichtskauz** ist außer in Nord- und Nordosteuropa auch in einigen Gebirgen Südosteuropas zu finden.

Die **Zwergohreule** kommt hauptsächlich in den Mittelmeerländern vor und tritt nördlich der Alpen nur ausnahmsweise als Brutvogel auf.

Die genannten 5 Arten sind also in Deutschland nur unter sehr glücklichen Umständen, meist aber überhaupt nicht zu beobachten. Um sie kennenzulernen, muß man schon in die Länder fahren, in denen sie zu Hause sind (siehe Beschreibung der einzelnen Arten).

Von den 8 Eulenarten, die zu den deutschen Brutvögeln zählen: Waldkauz, Waldohreule, Schleiereule, Steinkauz, Rauhfußkauz, Sperlingskauz, Uhu und Sumpfohreule, sind einige bereits sehr selten geworden.

Die „Rote Liste" der bestandsgefährdeten Brutvogelarten der BRD enthält gegenwärtig (Stand 1984) folgende Einstufung:

„Stark gefährdet":
Uhu, Sumpfohreule, Steinkauz

„Gefährdet":
Schleiereule, Sperlingskauz

„Potentiell gefährdet":
Rauhfußkauz

Nur der Waldkauz und die Waldohreule stehen bislang noch nicht auf der „Roten Liste".
(Einzelheiten über die Ursachen der Bestandsgefährdung sowie über mögliche Schutz- und Hilfsmaßnahmen werden bei der Beschreibung der einzelnen Arten genannt.)

Eulen kennenlernen – aber wie?

- **Kenntnis der verschiedenen Lautäußerungen**

Da die bei uns vorkommenden Eulen fast nur in der Dämmerung und in der Nacht aktiv sind, tagsüber aber an einem verborgenen Ruheplatz sitzen, fallen Sichtbeobachtungen weitgehend aus. Am häufigsten machen sich die Eulen durch ihre Rufe bemerkbar, so daß zur Unterscheidung der einzelnen Arten eine genaue Kenntnis der verschiedenen Lautäußerungen nötig ist. (Auf deren möglichst genaue Beschreibung wurde deshalb im speziellen Teil besonderes Gewicht gelegt.)

- **Das Verhören am Abend und in der Nacht**

ist eine gute Methode, um Vorkommen von Eulen in einem bestimmten Gebiet festzustellen. Die günstigste Zeit hierfür sind die Frühjahrsmonate (ab Februar); aber auch zur Zeit der herbstlichen Revierabgrenzungen kann man Eulen gut verhören. Es sollte auf jeden Fall möglichst windstilles und trockenes Wetter herrschen!

Es gibt sehr gute Schallplatten mit Eulenstimmen (z. B. „Europäische Eulen", Fa. Arno Graul, Kisslingweg 44, 7130 Mühlacker), mit deren Hilfe man sich die verschiedenen Rufe leicht einprägen kann.

Man kann diese Stimmen auf Band aufnehmen und sie draußen im geeigneten Gelände wieder abspielen, um dadurch revierbesitzende Eulen-Männchen zu motivieren, Antwort zu geben. Es ist jedoch davor zu warnen, das Abspielen der Eulenstimmen im Gelände planlos durchzuführen oder zu übertreiben, denn die Tiere können dadurch empfindlich gestört werden!

Eigenartigerweise reagieren auf das Abspielen der Sperlingskauz-Lockrufe nicht nur die in der Nähe wohnenden Sperlingskäuze, sondern auch – ohne daß ein Sperlingskauz erscheint – eine ganze Reihe von Kleinvogelarten, falls sie den Sperlingskauz kennen. Man kann also in diesem Fall allein schon aus der Reaktion der Kleinvögel mit einiger Sicherheit darauf schließen, ob der Sperlingskauz im Gebiet vorkommt.

- **Das Beobachten des Verhaltens der Kleinvögel**

kann dem aufmerksamen Beobachter auch sonst tagsüber eine ruhende Eule verraten. Wenn Amseln, Finken, Meisen und andere Vögel an einer Stelle sehr erregt warnen und zetern, sollte man sich vorsichtig und aufmerksam umsehen, ob hier nicht irgendwo eine Eule sitzt.

- **Das Beobachten von Krähenvögeln und Greifvögeln**

kann ebenfalls einen Hinweis auf das Vorhandensein einer Eule geben. Krähenvögel und Greifvögel reagieren sehr stark, wenn sie am Tage einen Uhu entdecken, und „hassen" auf die große Eule. Das „Hassen" ist offenbar ein angeborenes Schutzverhalten gegenüber der Eule als Feind; es ist instinktmäßig verankert, so daß beispielsweise auch solche Krähen auf einen Uhu hassen, die zuvor noch nie einen gesehen haben. Durch das Hassen verraten sie die Eule an Artgenossen und andere Tiere und erschweren ihr dadurch die Jagd. Aus diesem Grund hat man früher mit dem Uhu die sogenannte „Hüttenjagd" betrieben: Ein gefangengehaltener Uhu wurde an einer weit sichtbaren Stelle auf eine Jule gesetzt, während sich der Jäger in der Nähe versteckte, um die angelockten Krähen und Greifvögel abzuschießen. – Zum Glück ist die Bejagung der Greifvögel inzwischen völlig untersagt.

– **Beobachten der Brutplätze**
Die interessantesten Einblicke in das Leben der Eulen gewinnt man natürlich an ihren Brutplätzen. Wenn man einen Brutplatz entdeckt hat, so kann man die Tiere dort aus angemessener Entfernung gut beobachten. Dabei sollte es für einen Naturfreund selbstverständlich sein, sich stets verantwortungsbewußt zu verhalten und die Tiere nicht zu stören! Auch wer selbst Nistkästen für Eulen angebracht hat, sollte mit Kontrollen der Nistkästen zurückhaltend sein und während der Brutzeit auf keinen Fall stören!
Hierzu noch ein wichtiger Hinweis:

Kindergesicht Waldkauz

Kindergesicht Waldohreule

Zeichnungen Friedhelm Weick aus „Glutz & Bauer, Handbuch der Vögel Mitteleuropas, Band 9" Aula-Verlag, Wiesbaden

Alljährlich kommt es vor, daß junge, noch nicht flügge Waldkäuze oder Waldohreulen, die am Waldboden sitzen, von Spaziergängern gefunden, als hilfsbedürftig angesehen und mit nach Hause genommen werden. Dies geschieht zwar in bester Absicht, ist aber völlig falsch! Man kann einer jungen Eule, die wegen ihres noch mangelhaften Flugvermögens am Erdboden gelandet ist, am besten in der Weise helfen, daß man sie aufnimmt und auf einen Baumast setzt. Am Erdboden könnte sie z. B. einem Fuchs zum Opfer fallen. Aber man sollte sie auf jeden Fall am Fundort belassen, denn dort wird sie ja weiter von ihren Eltern betreut und mit Nahrung versorgt!

**Unsere europäischen Eulen
in Wort und Bild**

Im folgenden werden die 13 europäischen Eulenarten ausführlich in Wort und Bild vorgestellt:

– Die Reihenfolge der Arten wurde nach dem Grad ihrer Häufigkeit in Mitteleuropa festgelegt, und zwar wie folgt:
Waldkauz
Waldohreule
Schleiereule
Steinkauz
Rauhfußkauz
Sperlingskauz
Uhu
Sumpfohreule
Zwergohreule
Habichtskauz
Sperbereule
Schnee-Eule
Bartkauz

– Im beschreibenden Text wird zunächst ein Hinweis auf das **Vorkommen,** speziell in Mitteleuropa, gegeben.

Unter der Rubrik **Kennzeichen** werden Aussehen, Unterscheidungsmerkmale, Größe, Flügelspannweite und Gewicht aufgeführt.

Unter dem Stichwort **Verhalten** werden die Aktivitätsphasen und sonstige Verhaltensweisen genannt, die für die Beobachtungen und das Bestimmen wichtig sind.

Die Beschreibung der **Stimme** ist ziemlich ausführlich, da die Kenntnis der verschiedenen Lautäußerungen eine sehr wichtige Voraussetzung zum Kennenlernen der Eulen ist.

Unter **Verbreitung** finden wir nach Skizzierung der all-

Abkürzungen und Erläuterungen:

Größe	Gesamtlänge des Vogels, vom Schnabel bis zur Schwanzspitze gemessen
Spannweite	Bei ausgestreckten Flügeln von Flügelspitze zu Flügelspitze gemessen
Brutdauer	Zeitraum der Bebrütung eines einzelnen Eies vom Bebrütungsbeginn bis zum Schlüpfen des Jungen
Gradationen	Bestandsgipfel von Kleinnagern (Wühlmäusen und Lemmingen) nach Massenvermehrungen, die periodisch alle 3–4 Jahre auftreten. Nach dem durch innere und äußere Faktoren bewirkten Zusammenbruch auf ein Bestandsminimum erfolgt in weiteren 3–4 Jahren ein zunächst allmählicher, dann sehr rascher Anstieg zu einem neuen Gipfel.
∅	Durchschnittlich (Mittelwerte) (z. B. bei Eimaßen: Länge x Breite)

gemeinen Verbreitung das Vorkommen in Mitteleuropa einschließlich der Bestandsverhältnisse (sofern darüber Zahlen vorliegen) beschrieben.

Es folgen Angaben über den **Lebensraum**, die **Siedlungsdichte** und **Reviergröße**, die **Jagdweise** und **Ernährung**.

Im Kapitel **Fortpflanzung** folgen Daten zur Geschlechtsreife, Paarbildung, Balz und Brutplatz, zum Legebeginn, der Gelegegröße, dem Legeabstand und dem Brutbeginn sowie der Brutdauer, der Entwicklung der Jungen und deren Fütterung bis zum Selbständigwerden.

Angaben über **Wanderungen, Sterblichkeit** und **Höchstalter**

runden das Bild über die Biologie der einzelnen Arten ab.

– Schließlich werden die Ursachen der **Bestandsgefährdung** aufgezeigt und – besonders ausführlich – die möglichen **Hilfsmaßnahmen** geschildert als Anleitung für alle diejenigen Naturfreunde, die selbst aktiv beim Eulenschutz mithelfen wollen.

– Am Ende jeder Artbeschreibung wird noch **spezielle Literatur** angegeben, um dem interessierten Leser noch eingehendere Informationen zu ermöglichen.

Rauhfußkauz. Zeichnung Friedhelm Weick aus „Glutz & Bauer, Handbuch der Vögel Mitteleuropas, Band 9" Aula-Verlag, Wiesbaden

▲ **Vorkommen:** Sehr häufiger Brutvogel in Mitteleuropa; nicht nur in Wäldern, sondern auch in Parkanlagen, Friedhöfen, Alleen und Gärten mit altem Baumbestand, also nicht selten auch in Dörfern oder Städten. Die große Anpassungsfähigkeit bei der Brutplatzwahl wie auch die erstaunliche Vielseitigkeit in der Ernährungsweise sind die Gründe da-

Waldkauz
Strix aluco

Größe: 40–42 cm;
Männchen in der Regel etwas kleiner als Weibchen.
Spannweite: (im Durchschnitt): Männchen 93 cm,
Weibchen 98 cm.
Gewicht: (im Jahresverlauf schwankend):
Männchen 330–475 g (∅ 440 g),
Weibchen 400–630 g (∅ 560 g).

für, daß der Waldkauz unsere häufigste Eule ist.

▲ **Kennzeichen:** Verhältnismäßig großer runder Kopf ohne Federohren, schwarzbraune Augen, gedrungener Körper. Die Grundfärbung des Gefieders bei erwachsenen Vögeln ist – unabhängig vom Geschlecht oder Alter – entweder rindengrau oder rostbraun, wobei die graue Varietät etwa doppelt so häufig vorkommen soll wie die rostbraune. In beiden Färbungstypen besteht die Zeichnung des Gefieders ober- und unterseits aus kräftigen dunklen Längsstreifen und schwächeren Querstreifen. Auf den Schultern und Flügeln fallen weiße Tropfenflecken auf. Die Unterseite ist allgemein heller als die Oberseite.
Das Flugbild wirkt gedrungener und plumper als das der Wald-

ohreule; die relativ breiten Flügel sind auch unterseits kräftig quergebändert.
Eben flügge Jungvögel haben ein duniges, weißliches oder hellgelblichbraunes Gefieder mit dunkler Querbänderung und sind ebenfalls an den schwarzbraunen Augen zu erkennen.

▲ **Verhalten:** Die fast ausschließlich nächtliche Aktivität beginnt in der Regel etwa 20 Minuten nach Sonnenuntergang, selten später, und nur in der Zeit der Jungenaufzucht schon vor Sonnenuntergang. Sie endet durchschnittlich 40 Minuten vor Sonnenaufgang.
Tagsüber sitzt der Waldkauz meist versteckt in einer dicht

Waldkauz
Aufnahme W. Layer

28

belaubten Baumkrone oder in seiner Schlafhöhle (dazu kann ihm auch ein überdachter Kamin dienen). Durch das Gezeter der Kleinvögel, die den Kauz entdeckt haben, wird man gelegentlich auf ihn aufmerksam, zumal er sich auch gern ins Sonnenlicht setzt, um sich wärmen zu lassen.

Zur Zeit der Jungenaufzucht kann der Waldkauz in der Dämmerung und nachts sehr aggressiv sein und bei Störungen auch Menschen angreifen und verletzen.

▲ Stimme: Der Reviergesang des Männchens ist ein lautes „huuh-huch-uuuu", wobei zwischen dem kraftvollen, zweisilbigen Anfangsruf und dem das Tremolo einleitenden „huch" eine Pause von etwa 4 Sekunden liegt. Das Tremolo sinkt in Tonlage und -stärke ab. Dieser Gesang ertönt schon im Herbst (September–November) zur Revierabgrenzung, vor allem aber im zeitigen Frühjahr während der Balzzeit.

Das Weibchen antwortet mit einem lauten und schrillen „kuwitt" (das allerdings mitunter auch vom Männchen zu hören ist). Am Brutplatz sowie bei Beuteübergaben und Paarungen äußert das Männchen einen weich tremolierenden Roller, der aus 7–8 Einzellauten besteht und in Abständen von etwa 10 Sekunden wiederholt wird. Der Warnruf des Weibchens, das seine Jungen bewacht und verteidigt, ist ein bellendes „wettwettwett", oft in längerer Folge. Außerdem verfügen beide Geschlechter noch über eine ganze Reihe weiterer Stimmäußerungen. Der Bettelruf der fast flüggen oder ausgeflogenen Jungen klingt wie „chidsch" oder „bisidsch".

▲ Verbreitung: Von Westeuropa und Nordafrika bis zum Iran und nach Westsibirien, in Mittel- und Südostasien vom Süden der Sowjetunion bis nach Korea und China. Also über fast ganz Europa verbreitet, nur in Irland und Island sowie in Nordeuropa fehlend, denn das Vorkommen in Skandinavien und Finnland beschränkt sich auf die südlichen Landesteile (etwa bis 61° nördl. Breite).

In Mitteleuropa vom Tiefland bis in Höhenlagen von ca. 1100 m in Mittelgebirgen bzw. ca. 1600 m in den Alpen verbreitet, in baumarmen Landschaften jedoch fehlend.

▲ Lebensraum: Lichte Laub- und Mischwälder mit Altholzbeständen in reich strukturierter Landschaft, d. h. mit dazwischenliegenden freien Flächen und oft in der Nähe von Gewässern. Ebenso auch Parkanlagen, Friedhöfe, Alleen und Gärten mit altem Baumbestand, also nicht selten auch in Dörfern oder Städten. In reinen Fichtenwäldern meist nur am Rand vorkommend. Maßgebend für die Eignung eines Gebietes als Lebensraum ist offenbar, daß darin neben einem reichlichen Nahrungsangebot auch genügend Tagesversteck- und Brutmöglichkeiten vorhanden sind.

▲ Reviergröße und Siedlungsdichte: Im optimalen Lebensraum umfassen die Reviere nur 20–30 ha, so daß hier eine Siedlungsdichte von 3–5 Brutpaaren auf 1 km^2 möglich ist. Im geschlossenen Wald sind die Reviere dagegen meist wesentlich ausgedehnter. Großflächig – d. h. auf mehr als 100 km^2 bezogen – kann die Siedlungsdichte sehr stark variieren, je nach Anteil, Art und Struktur der Bewaldung.

Ganz oben: Waldkauzweibchen in *Rechts oben: Waldkauz-Nestlinge.*
seiner natürlichen Bruthöhle. *Aufnahmen W. Rummel*

Links oben: Waldkauz-Gelege.

31

▲ Jagdweise und Ernährung: Sehr gewandter und vielseitiger Jäger, der in der Dämmerung und nachts teils vom Ansitz aus, teils im Suchflug jagt und sich dabei im wesentlichen akustisch orientiert. Oft nutzt er günstige Gelegenheiten und erbeutet z. B. Sperlinge, Stare oder andere gesellig lebende Kleinvögel an ihren Schlafplätzen, indem er sie aufschreckt und im Fluge fängt.

Der Waldkauz kann Säugetiere und Vögel bis zu einem Gewicht von etwa 300 g überwältigen – also auch Jungkaninchen und Tauben.

Im Durchschnitt (von etwa 60 000 nachgewiesenen Beutetieren) setzt sich seine Ernährung folgendermaßen zusammen:

73 % Kleinsäuger (mindestens 45 verschiedene Arten), darunter in erster Linie Feld- und Waldmäuse, die allein fast die Hälfte der Gesamtbeute betragen, außerdem Rötelmäuse, Erdmäuse, Schermäuse, Spitzmäuse, Maulwürfe und Ratten. –

14 % Vögel (mindestens 100 verschiedene Arten), von denen Sperlinge, Grünlinge und Buchfinken über die Hälfte ausmachen. –

13 % Frösche und Kröten. – Gelegentlich werden Fische erbeutet, häufig auch Käfer. Natürlich gibt es in der Zusammensetzung der Nahrung je nach Ort und Angebot, auch nach Jahreszeiten und im Wechsel der Jahre, beträchtliche Schwankungen.

Das Ausweichen auf Vögel als Beute, wenn keine Mäuse erreichbar sind, ist für den Waldkauz besonders typisch. Dieses Verhalten macht ihn daher in schneereichen Wintern widerstandsfähiger als andere Eulen, so daß sein Bestand weit geringeren Schwankungen unterworfen ist.

▲ Gewölle: ⌀ 48 mm lang und 24 mm dick.

Die Gewölle des Waldkauzes sind nicht so leicht und zahlreich zu finden wie die der Schleiereule oder der Waldohreule, denn sie werden oft unterwegs ausgewürgt – liegen also sehr verstreut im Gelände.

▲ Fortpflanzung: Geschlechtsreife im 1. Lebensjahr. Dauerehe und Reviertreue, auch traditionelle Reviere über Generationen hinweg. Revierabgrenzung bereits im Herbst. Frühjahrsbalz ab Januar oder Februar. Das Weibchen bestimmt den Brutplatz, der oft über mehrere Jahre hinweg beibehalten wird. Bevorzugt werden Baumhöhlen, daneben ungestörte Winkel in Gebäuden (Dachböden, Kirchtürmen, Scheunen, Ruinen). Es kommen aber auch Bruten in alten Greifvogelhorsten, Fels- oder Bodenhöhlen vor.

Es findet jährlich nur 1 Brut statt – in Jahren mit sehr geringem Nahrungsangebot kann die Brut auch ganz ausfallen.

Waldkauz mit Beute im Anflug an Nistkasten. Aufnahme Bio-Info/ Müller

Legebeginn: Je nach Witterung mitunter schon im Februar, meist jedoch Anfang bis Mitte März.

Gelegegröße: 2–6, meist 3–5 Eier ($\varnothing$ 47,5 x 38,8 mm, 39 g).

Legeabstand: Meist 2, manchmal 3 Tage.

Brutbeginn: Fast stets vom 1. Ei ab.

▲ Sterblichkeit: Die Verluste der Jungvögel nach dem Ausfliegen sind ziemlich hoch. Sie betragen im 1. Lebensjahr insgesamt etwa 50 %. In späteren Lebensjahren liegt die Sterblichkeitsrate bei 25 %.

▲ Höchstalter: In Gefangenschaft 27 Jahre, in freier Natur bisher 18 Jahre festgestellt.

Hilfsmaßnahmen

Obwohl es an manchen Orten sinnvoll sein kann, dem Waldkauz beim Fehlen natürlicher Bruthöhlen entsprechend große Nistkästen anzubieten – die er auch gerne annimmt –, ist dies aus Naturschutzgründen meist nicht notwendig. In Gebieten mit Brutvorkommen von Rauhfußkauz und/oder Sperlingskauz ist eine Förderung des Waldkauzes durch Nistkästen sogar unerwünscht.

Brutdauer (für einzelnes Ei): 28 bis 29 Tage.

Frischgeschlüpfte Junge wiegen etwa 28 g; ihre Augen beginnen sich am 9. Lebenstag zu öffnen.

Im Alter von 4–5 Wochen, meist Mitte Mai, verlassen die Jungen die Bruthöhle, obwohl sie noch nicht ganz flugfähig sind, und landen dann häufig am Erdboden. Sie klettern aber flatternd an schrägen Baumstämmen wieder in die Höhe. In den folgenden Wochen werden sie zunehmend flugtüchtiger. Nach dem Ausfliegen werden die Jungen noch 8–10 Wochen von den Eltern betreut und mit Nahrung versorgt. Erst etwa Anfang August sind sie selbständig.

▲ Wanderungen: Standvogel, der das ganze Jahr über in seinem Revier bleibt. Nur die selbständig gewordenen Jungvögel streichen im ersten Herbst etwas umher, jedoch selten weiter als 50 km.

▲ Bestandsgefährdung: Aufgrund der großen Vielseitigkeit und Anpassungsfähigkeit in Ernährung und Brutplatzwahl ist der Bestand des Waldkauzes stabil und nicht gefährdet. Er zeigt gebietsweise sogar zunehmende Tendenz.

MELDE, M. (1984): Der Waldkauz (*Strix aluco*). – Neue Brehm-Bücherei, Band 564. – A. Ziemsen Verlag, Wittenberg Lutherstadt.

SMEENK, C. (1972): Ökologische Vergleiche zwischen Waldkauz (*Strix aluco*) und Waldohreule (*Asio otus*). – Ardea 60: 1–71.

WENDLAND, V. (1972): 14jährige Beobachtungen zur Vermehrung des Waldkauzes (*Strix aluco* L.). – Journal f. Ornithologie 113: 276–286.

Waldkauz.
Aufnahme H. Schrempp

▲ Vorkommen: In Mitteleuropa häufiger bis sehr häufiger Brutvogel mit Bestandsschwankungen in Abhängigkeit vom Massenwechsel der Feldmaus – ihrem Hauptbeutetier. Normalerweise ziemlich verborgen lebend, jedoch im Winterhalbjahr auffällige Ansammlungen an z. T. traditionellen Tagesruhe-

Waldohreule
Asio otus

Größe: Ca. 36 cm.
Spannweite: Ca. 95 cm.
Gewicht: Männchen 220–280 g (Ø 250 g),
Weibchen 250–370 g (Ø 300 g).

plätzen, die sich auch in Baumgruppen von Parks oder Friedhöfen – also unweit von Häusern – befinden können. Hier sind die Eulen im allgemeinen wenig scheu und gut zu beobachten.

▲ Kennzeichen: Etwas kleiner und vor allem schlanker als der Waldkauz. Sehr auffällige Merkmale sind die langen, oft steil aufgerichteten Federohren und die orangegelben Augen (die Federohren können allerdings bei Ungestörtheit fast ganz niedergelegt sein).

Gefieder oberseits gelblichbraun mit dunkler, rindenähnlicher Marmorierung, unterseits hell rostgelb mit kräftigen dunklen Längsstreifen und feiner dunkler Querbänderung. Der gelblich-weiße Gesichtsschleier ist seitlich dunkel umrandet, zwischen den Augen durch die spitzwinkelige Stirnbefiederung und weißliche Augenbrauen V-förmig unterbrochen. Im Flug wirken Flügel und Schwanz länger als beim Waldkauz.

Männchen und Weibchen sind äußerlich kaum zu unterscheiden.

▲ Verhalten: Dämmerungs- und nachtaktiv, verläßt zur Brutzeit den Tageseinstand etwa eine halbe Stunde nach Sonnenuntergang, zur Zeit der Jungenaufzucht auch schon früher. Die nächtliche Aktivität zeigt zwei Hauptphasen: etwa 3 Stunden am Abend und 2½ Stunden am Morgen, getrennt durch eine rund 3-stündige Pause um Mitternacht. Etwa eine halbe Stunde vor Sonnenaufgang wird der Tageseinstand wieder aufgesucht.

Tagsüber sitzt die Waldohreule aufrecht in sehr schlanker Gestalt auf dem Ast eines Baumes, dicht an den Stamm geschmiegt, von dem sie sich mit ihrem rindenfarbigen Gefieder kaum abhebt. Im Herbst und Winter oft gesellig an gemeinsamen Tagesruheplätzen mit bis zu 30, in har-

ten Wintern manchmal mehr als 100 Eulen. Der abendliche Abflug zur Jagd ist dann mehr von der abnehmenden Helligkeit als von der Tageszeit abhängig.

▲ <u>Stimme:</u> Der Revierruf des Männchens im Frühjahr (meist ab Mitte Februar) ist ein leises, aber deutlich hörbares „huh", das in Abständen von 2 bis 8 Sekunden in langer Folge vorgebracht wird – meist im Sitzen, aber auch im Flug. Mit dieser monotonen Ruffolge lockt das revierbesitzende Männchen ein Weibchen heran. Noch unverpaarte Männchen rufen von der Abenddämmerung an oft stundenlang. In der Nähe des Brutplatzes hört man diesen Ruf mitunter auch am Tage.

Der Lockruf des Weibchens am Brutplatz ist ein sehr leiser summender Laut, der nur aus kurzer Entfernung zu vernehmen ist. Außerdem lassen Männchen und Weibchen noch verschiedene andere Stimmäußerungen hören, z. B. ein fauchendes „chwä-u" bei Beuteübergaben oder ein bellendes „uäk-uäk-uäk" bei Störung. Der Bettelruf der ausgeflogenen Jungen (Ende Mai/Anfang Juni) ist ein weit hörbares klagendes Fiepen, das wie „pi-e" oder „psi-e" klingt und fast die ganze Nacht hindurch alle 5 bis 8 Sekunden wiederholt wird.

▲ <u>Verbreitung:</u> Quer durch Eurasien, von den Azoren und Kanaren im Westen bis nach Japan und Sachalin im Osten; außerdem quer durch Nordamerika. In Mitteleuropa von der Tiefebene bis zur Waldgrenze der Alpen verbreitet.

Waldohreule im Anflug auf Beute
Aufnahme F. Sauer

▲ Lebensraum: Zum Jagen auf vorwiegend offenes Gelände mit niedrigem Pflanzenwuchs angewiesen, während zur Tagesruhe und zur Brut Feldgehölze, Windschutzhecken, Baumgruppen, Parklandschaften und vor allem Waldränder benötigt werden, in denen es alte Nester von Rabenkrähen oder Elstern gibt. Im Inneren größerer, geschlossener Waldbestände kaum anzutreffen.

▲ Lebensraum: Zum Jagen auf vorwiegend offenes Gelände mit niedrigem Pflanzenwuchs angewiesen, während zur Tagesruhe und zur Brut Feldgehölze, Windschutzhecken, Baumgruppen, Parklandschaften und vor allem Waldränder benötigt werden, in denen es alte Nester von Rabenkrähen oder Elstern gibt. Im Inneren größerer, geschlossener Waldbestände kaum anzutreffen.

▲ Reviergröße und Siedlungsdichte: In geeigneter Landschaft normalerweise etwa 10 Brutpaare auf 100 km². Bei Feldmaus-Gradationen kann sich die Siedlungsdichte jedoch verdoppeln bis verdreifachen. Es können dann – vor allem in einer relativ

Altvogel am Nest mit junger Brut. Aufnahme Bio-Info/Danegger

Waldohreulen-Ästlinge Aufnahme K. Schendel

gering bewaldeten Landschaft – 2 oder 3 Paare jeweils nur etwa 100 m voneinander entfernt brüten, wobei allerdings das Vorhandensein von geeigneten alten Nestern ausschlaggebend ist. Über die Größe der von einem Paar genutzten Jagdfläche ist nichts bekannt.

▲ Jagdweise und Ernährung: Überwiegend wird die Flugjagd betrieben, während Ansitzjagd selten vorkommt. Die Ernährung ist ziemlich einförmig,

denn sie besteht in der Hauptsache aus Wühlmäusen.

Im Durchschnitt (von insgesamt 57 000 in Gewöllen nachgewiesenen Beutetieren) setzt sich die Ernährung zusammen aus:
Über 82% Wühlmäuse. Die Feldmaus stellt mit 76% das Hauptbeutetier dar; bei Gradationen kann ihr Anteil auf über 90% steigen.
Etwa 9% Echte Mäuse, vor allem Waldmäuse.
Etwa 8% Kleinvögel, darunter sind 3/4 Sperlinge und Grünlinge, die bekanntlich während des Winters in Schlafgesellschaften übernachten und dort von der Eule gegriffen werden.

▲ Gewölle: ∅ 46 mm lang und 21 mm dick.
Hellgrau und von schlanker, gleichmäßig walzenförmiger Gestalt.

▲ Fortpflanzung: Männchen und Weibchen können einjährig brüten und führen in der Regel nur eine Saisonehe. Balz und Paarbildung beginnen meist Mitte Februar. Das Männchen begründet das Revier und lockt durch sein „huh"-Rufen ein Weibchen heran. Es findet auch Flugbalz statt. Das Paar fliegt mit weit ausholenden Flügelschlägen umher, wobei zwischendurch die Handschwingen unter dem Körper laut klatschend zusammengeschlagen werden. Das Weibchen wählt den Brutplatz, meist handelt es sich um ein vorjähriges Nest von Rabenkrähen oder Elstern; gelegentlich wird auch ein frisch gebautes in Beschlag genommen. Außerdem kann bei Bedarf auch ein alter Greifvogelhorst oder ein Eichhörnchennest als Brutplatz dienen. Das Männchen bezieht in der Nähe seinen Tageseinstand mit Blick zum Nest.
Legebeginn: Mitte März bis Mitte April, je nach Witterung.
Gelegegröße: Meist 4–5, bei Feldmausgradationen bis 8 Eier (∅ 40,2×32,4 mm, 23 g).
Legeabstand: 2 Tage.
Brutbeginn: Ab dem ersten Ei.
Brutdauer: 27–28 Tage.
Frischgeschlüpfte Junge wiegen etwa 16 g; mit 5 Tagen beginnen sich die Augen zu öffnen.
Schon im weißen Dunenkleid sind die Ansätze der Federohren sichtbar; noch deutlicher dann im hellgraubraunen Zwischenkleid, in dem die Jungen eine schwarze Gesichtsmaske haben. Im Alter von knapp 3 Wochen verlassen die Jungen noch flugunfähig das Nest und landen häufig am Erdboden, klettern aber an kleinen Bäumen flügelschlagend und sich mit dem Schnabel einhakend wie-

Hilfsmaßnahmen

Da keine Bestandsgefährdung festzustellen ist, sind Hilfsmaßnahmen nicht unbedingt erforderlich. Es kann aber im Einzelfall durchaus sinnvoll sein, z.B. in einem Feldgehölz, in dem Waldohreulen vorkommen, aber keine natürlichen Nester zur Verfügung stehen, Kunstnester anzubringen. Diese sollten ähnlich wie ein Krähennest gebaut sein, etwa 30 cm Durchmesser haben und in einem geeigneten Baum an etwa gleicher Stelle, an der sich ein Krähennest normalerweise befinden würde, dauerhaft befestigt werden.

der in die Höhe. Mit 5 Wochen können sie gut fliegen, werden aber noch weitere 5 bis 6 Wochen von den Eltern versorgt, bis sie selbständig sind.

Zweitbruten scheinen bei dieser Art nur ganz selten vorzukommen.

▲ <u>Wanderungen:</u> In Mitteleuropa sind Altvögel Stand- oder Strichvögel, während Jungvögel im Herbst meist wegziehen, vorwiegend in südwestlicher Richtung, maximal bis nach Spanien und Portugal. An den Überwinterungsgesellschaften sind häufig Eulen aus Nord- und Nordosteuropa beteiligt. Deren Rückflug im Frühjahr schließen sich mitunter auch einheimische Eulen an, maximal 2230 km weit gemäß Beringungsergebnissen.

▲ <u>Sterblichkeit:</u> Im 1. Lebensjahr – vom Ausfliegen ab gerechnet – etwa 52%, in den folgenden Lebensjahren durchschnittlich 31%.

▲ <u>Höchstalter:</u> 28 Jahre in freier Natur.

▲ <u>Bestandsgefährdung:</u> Bisher nicht festgestellt worden. Etwa ebenso häufig wie der Waldkauz; zeigt allerdings stärkere Bestandsschwankungen in Abhängigkeit vom Massenwechsel der Feldmaus, dem Hauptbeutetier. Langfristige Tendenzen sind kaum erkennbar.

SMEENK, C. (1972): Ökologische Vergleiche zwischen Waldkauz (*Strix aluco*) und Waldohreule (*Asio otus*). – Ardea 60: 1–71.

▲ Vorkommen: In Mitteleuropa häufiger Brutvogel in tiefgelegenen, relativ waldarmen Siedlungsgebieten, in denen ungestörte Schlupfwinkel in Gebäuden als Tagesruhesitz und Brutplatz dienen. Zeigt jedoch starke Bestandsschwankungen in Abhängigkeit vom Feldmaus-Massenwechsel und erleidet in

Schleiereule
Tyto alba

Größe: 34 cm.
Spannweite: 90–98 cm.
Gewicht: Männchen 290–340 g (∅ 315 g),
Weibchen normalerweise 310–370 g (∅ 340 g),
während der Eiablage und Brut jedoch deutlich
schwerer (∅ 415 g).

schneereichen Wintern hohe Verluste.

▲ Kennzeichen: Am auffälligsten an der Schleiereule ist der ausgeprägte, herzförmige Gesichtsschleier, nach dem sie ihren Namen hat und durch dessen Form und Farbe sie von allen anderen Eulen leicht zu unterscheiden ist. Dieser Schleier ist seidenglänzend weißgrau, um die relativ kleinen, schwarzen Augen herum und zum langgestreckten Schnabel hin mehr oder weniger rostbraun.

Die Färbung des Gefieders ist allgemein ziemlich hell, auf der Oberseite grau mit feinen weißen Flecken, auf der Unterseite rostgelb mit kleinen dunkelbraunen Flecken oder – vor allem in Süd- und Westeuropa – rein weiß ohne jede Fleckung.

Die Flügel sind ziemlich lang und schlank; bei der sitzenden Eule überragen die Flügelspitzen den Schwanz um etwa 3 cm.

Die langen, etwas X-förmig stehenden Beine sind im unteren Teil wenig befiedert, die Zehen nur mit borstenartigen Federn besetzt. Im Flug wirkt die ganze Unterseite sehr hell.

Männchen und Weibchen sind äußerlich nicht zu unterscheiden.

▲ Verhalten: Nachtaktiv mit einer Abendphase zwischen Dunkelwerden und Mitternacht sowie einer Morgenphase von etwa 2 Stunden vor Hellwerden. In windigen und niederschlagsreichen Nächten, wenn die akustische Wahrnehmbarkeit der Beutetiere stark beeinträchtigt ist, wird die Aktivität entsprechend reduziert.

Am Tagesruheplatz sitzt die Eule bei Störungen meist in Tarnstellung mit eng zusam-

Diese Schleiereule hat eine Feldmaus erbeutet. Aufnahme H.D. Brandl

44

mengekniffenem Schleier in eine Nische gedrückt, während beim Drohverhalten pendelnde Körperbewegungen ausgeführt werden.

▲ Stimme: Der Revierruf des balzenden Männchens im Frühjahr – und bei Zweitbruten auch noch im Sommer – ist ein ziemlich lautes und langgezogenes Kreischen „chrüüh", das nachts in der Nähe des Brutplatzes ertönt und auch im Flug geäußert wird.

Weibchen und Junge betteln am Brutplatz mit weit hörbaren Schnarchlauten, die fast die ganze Nacht hindurch ertönen können und Ähnlichkeit mit dem Schnarchen eines Menschen haben. Durch diese sehr charakteristischen nächtlichen Kreisch- und Schnarchlaute wird man am ehesten auf einen Brutplatz aufmerksam.

Außerdem gibt es bei der Balz, Brut und Jungenaufzucht noch einige weitere Stimmäußerungen, z. B. leise, gluckernde Laute beim Füttern der Jungen.

▲ Verbreitung: In mehr als 30 Rassen ist die Schleiereule über weite Gebiete der Erde verbreitet, hauptsächlich in tropischen und subtropischen Breiten, in denen sich viele Inselformen entwickelt haben. Lediglich in Europa, wo sie nordwärts bis nach Dänemark und Nordengland vorkommt, sowie in Nordamerika, wo sie etwa bis zum 48° nördl. Breite auftritt, hat sie ihre Verbreitung in die gemäßigten Klimazonen ausgedehnt. Hier kann es aber vorkommen, daß sie in strengen, schneereichen Wintern sehr starke Verluste (bis zu 90 % des Bestandes) erleidet.

Deshalb lebt die Schleiereule in Mitteleuropa vorwiegend in tiefgelegenen Gebieten mit durchschnittlich weniger als 40 Schneetagen, kommt selten über 600 m vor und fehlt im größten Teil der Alpen. Die Schwerpunkte der europäischen Verbreitung liegen offenbar im Süden und Westen; in Frankreich soll es noch über 20 000 Brutpaare geben.

▲ Lebensraum: Während die Schleiereule in Südeuropa häufig in Felshöhlen brütet, in England auch in Baumhöhlen, hat sie sich in Mitteleuropa sehr eng an den Menschen angeschlossen und wohnt in dessen unmittelbarer Nachbarschaft in Gebäuden (z. B. Kirchtürmen, Scheunen, Dachböden), wo sie ungestörte Schlupfwinkel als Tagesruhesitz und Brutplatz benutzt. Auf freien An- und Abflug legt sie dabei offenbar großen Wert. Zum Jagen benötigt sie offene Flächen der Kulturlandschaft, vor allem Dauergrünlandflächen, auf denen es Feldmäuse gibt.

▲ Reviergröße und Siedlungsdichte: Die Siedlungsdichte zeigt generell beträchtliche Schwankungen in Abhängigkeit vom erreichbaren Nahrungsangebot und – im Zusammenhang damit – infolge von starken Winterverlusten. Sie wird offenbar auch vom Vorhandensein störungsfreier Brutplätze und Tageseinstände mitbestimmt. In Optimalbereichen kann sie 10–20 Brutpaare pro 100 km^2 betragen, liegt aber gegenwärtig in weiten Teilen Mitteleuropas normalerweise nur bei 1–3 Paaren pro 100 km^2. Bei hohem Nahrungsangebot scheint ein Paar mit einer Jagdfläche von etwa 50 ha auszukommen, obwohl andererseits Aktionsradien von 800–1500 m schon mehrmals nachgewiesen worden sind.

▲ Jagdweise und Ernährung: Die nächtliche Jagd wird sowohl im Suchflug als auch vom Ansitz aus betrieben, wobei die Beutetiere meist akustisch lokalisiert werden.

Das Hauptbeutetier ist in Mitteleuropa die *Feldmaus*, die bei Gradationen *63–95 %* der Gesamtnahrung bilden kann. Bei Feldmausmangel stellt diese Art trotzdem noch etwa 30 % der Beute, während dann etwa *50 %* auf *Spitzmäuse* entfallen. Der im Vergleich zu anderen Eulen bemerkenswert hohe Spitzmaus-Anteil, der im Durchschnitt etwa $\frac{1}{3}$ der Gesamtbeute beträgt, ist nicht auf eine echte Bevorzugung zurückzuführen, sondern durch die akustische Orientierung der jagenden Schleiereule und durch die im Vergleich zu anderen Kleinsäugern häufigeren Lautäußerungen der Spitzmäuse zu erklären.

Nur etwa *4 %* der Gesamtnahrung entfallen auf *Kleinvögel*; dabei handelt es sich vorwiegend um Sperlinge, Schwalben und Stare, die an Gemeinschaftsschlafplätzen erbeutet werden.

▲ Gewölle: ∅ 41 mm lang und 26 mm dick.

Gewölle der Schleiereule sind an Tagesruhesitzen und Brutplätzen oft in Mengen zu finden. Sie unterscheiden sich von den Gewöllen aller anderen Eulen durch einen Speichelüberzug, der frischen Gewöllen ein lakkiertes Aussehen, glatte Oberfläche und schwärzliche Färbung verleiht. Die Gewölle sind verhältnismäßig groß, bauchig und an den Enden abgerundet.

▲ Fortpflanzung: Männchen und Weibchen sind schon vor Ende des 1. Lebensjahres geschlechtsreif.

Meist leben die Paare in Dauerehe. Die Fortpflanzung ist sehr stark vom erreichbaren Nahrungsangebot abhängig. Bei anhaltendem Mäusereichtum kommt es häufig auch zu Zweitbruten. Infolgedessen kann 1 Paar in einem einzigen Jahr insgesamt 17 Junge aufziehen. Andererseits kann Mäusemangel völligen Brutausfall zur Folge haben.

Die Brutplätze befinden sich in Mitteleuropa meist in Gebäuden an störungsfreien, möglichst dunklen und geräumigen Stellen.

Die nächtliche Balz beginnt normalerweise im März; sie besteht aus häufigem Rufen und

Umfliegen des Gebäudes, in dem der Brutplatz liegt, der dem Paar jetzt auch als Tagesruheplatz dient.

Legebeginn: Gewöhnlich im April, aber auch später; bei Zweit- oder Spätbruten sogar noch im September.

Gelegegröße: Meist 4–7, oft auch 9–12, ausnahmsweise bis 15 Eier. Die Eier sind nicht so rundlich wie bei anderen Eulen, sondern länglich oval mit glanzloser Oberfläche ($\varnothing$ 39,2 x 30,9 mm, 21 g).

Legeabstand: 2 Tage.

Brutbeginn: Mit dem ersten Ei.

Brutdauer: 30–34 Tage.

Frischgeschlüpfte Junge wiegen etwa 14 g; ihre Augen beginnen sich mit 8 Tagen zu öffnen. Die Jungen tragen – im Gegensatz zu anderen Eulenjungen – zwei richtige Dunenkleider: das erste Dunenkleid ist weißlich, das zweite, das sich zwischen dem 10. und 18. Lebenstag entwickelt, ist oberseits weißlichgrau, unterseits gelblich-weiß. Das Weibchen hudert die Jun-

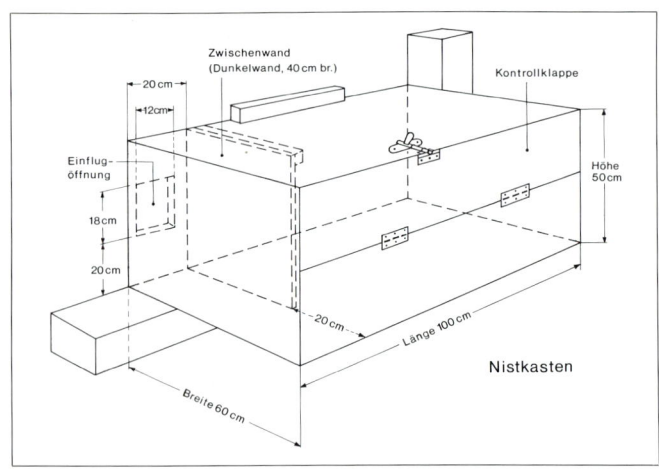

Zwischenwand (Dunkelwand, 40 cm br.)

Kontrollklappe

20 cm

12 cm

Einflugöffnung

Höhe 50 cm

18 cm

20 cm

20 cm

Länge 100 cm

Nistkasten

Breite 60 cm

Schleiereulenbrut in einem Nist-kasten.
Aufnahme Bio-Info/Synatzschke

gen, bis die ältesten 15–20 Tage alt sind. Danach erfolgt der Wärmeschutz der jüngeren durch die älteren Geschwister. Auch die Fütterung der kleinen durch große Geschwister wurde beobachtet. Mit etwa 3 Wochen fressen die Jungen selbständig, mit etwa 9 Wochen sind sie flügge und verlassen den Brutplatz. Mit knapp 3 Monaten wandern sie aus dem elterlichen Revier ab.

▲ Wanderungen: Die Jungvögel streichen in den Herbstmonaten umher und wandern in alle Richtungen mehr oder weniger weit ab (Zerstreuungswanderung, die der Ausbreitung dient). In Süddeutschland verstreicht etwa die Hälfte der Jungen weniger als 50 km weit, doch können auch Wanderungen über mehrere hundert km stattfinden (maximal 1625 km). Auch bei Altvögeln können Umsiedlungen (maximal 460 km weit) vorkommen, obwohl in der Regel eine starke Bindung an den Brutplatz zu beobachten ist.

▲ Sterblichkeit: Die Sterblichkeit kann – in Abhängigkeit vom Nahrungsangebot – nach Jahren und Gebieten erheblich schwanken, ist aber allgemein ziemlich hoch, nämlich durchschnittlich 72 % im 1. Lebensjahr, 64 % im 2. Lebensjahr und etwa 47 % in späteren Lebensjahren. Es wird also nur ein sehr kleiner Prozentsatz der Tiere älter als 4 Jahre.

▲ Höchstalter: Trotz der hohen Sterblichkeitsrate kann ein Alter von 22 Jahren in freier Natur erreicht werden.

▲ Bestandsgefährdung: Aufgrund der Tatsache, daß in den letzten Jahrzehnten viele ehemalige Brutplätze der Schleiereule nicht mehr zugänglich sind, weil z. B. bei den meisten Kirchtürmen die Einflugöffnungen vergittert worden sind, leidet die Schleiereule heute unter großer Wohnungsnot. Gleichzeitig hat wohl auch die Intensivierung der Landwirtschaft, speziell durch Umbruch von Grünland in Ackerland zum

Hilfsmaßnahmen

Da in erster Linie der Verlust an geeigneten Brutplätzen für den Rückgang der Schleiereule verantwortlich zu machen ist, gilt es zur Erhaltung bzw. Wiederherstellung lebensfähiger Schleiereulen-Populationen, ein genügend großes Angebot an geeigneten, sicheren Brutplätzen und ungestörten Tageseinständen zu schaffen. Mit entsprechendem Einsatzwillen ist diese Aufgabe durchaus zu lösen, denn die Schleiereule sucht solche Plätze bei uns ausschließlich in Gebäuden.

– Zunächst sollte dafür gesorgt werden, daß jeder gegenwärtig noch besetzte Brutplatz erhalten und auf Dauer gesichert wird. Bei vielen Kirchtürmen, die im Laufe der letzten Jahrzehnte renoviert und durch Vergitterung der Einflugöffnungen (gegen verwilderte Haustauben und Dohlen) auch für Schleiereulen unzugänglich wurden, lassen sich durch kleine bauliche Veränderungen wieder Brutmöglichkeiten für Schleiereulen schaffen. Hier haben DBV-Arbeitsgruppen bereits Vorbildliches geleistet. Kirchturm-Brutplätze sind auf Dauer die besten, weil sie störungsfrei und auch vor Mardern oder Katzen sicher sind. Gibt man den Eulen die Möglichkeit, direkt in den Turmhelm einzufliegen – jeder Dachdecker kann eine solche Luke sturmsicher einbauen –, kann der Boden über der Glockenstube völlig verschlossen werden; Glocken und Uhrwerk bleiben dadurch vom Kot der Vögel verschont, womit ein wichtiges Argument gegen die Schleiereulen ausgeräumt ist.

– Auch Brutplätze in anderen hochragenden Gebäuden, in Dachstühlen von Wohnhäusern oder Scheunen sowie in alten Taubenschlägen, haben eine große Bedeutung für die Erhaltung der Schleiereule und sollten keinesfalls verschlossen bzw. wieder geöffnet werden. Durch Anbringen eines genügend großen Nistkastens, der mindestens 100 cm lang, 60 cm breit und 50 cm hoch sein muß und dessen Einflugöffnung direkt ins Freie geht, kann auch in solchen Fällen das Verschmutzungs-Argument ausgeräumt und gleichzeitig die Sicherung des Brutplatzes vor Katzen und Mardern erreicht werden. Durch Einbau einer Zwischenwand zwischen der seitlich angebrachten Einflugöffnung (18 cm hoch, 12 cm breit) und dem Brutraum wird letzterer verdunkelt, was den Eulen besonders angenehm ist, den Tauben, die den Kasten sonst auch besetzen könnten, dagegen nicht.

– Natürlich ist neben dem Angebot an Brutplätzen auch die Erhaltung des Lebensraumes mit ausreichendem Nahrungsangebot eine wichtige Voraussetzung für den Fortbestand der Schleiereule. Infolgedessen sollte einer weiteren Monotonisierung und Umwandlung der Kulturlandschaft in Agrarsteppen entgegengewirkt werden, und zwar generell mit dem ökologischen Argument, eine möglichst große Artenvielfalt zu gewährleisten.

Fütterung der Jungen
Aufnahme W. Rummel

Maisanbau, dazu beigetragen, daß die Nahrungsbasis der Schleiereule verringert wurde. Eine weitere Rückgangsursache sind die starken Verluste, die Schleiereulen durch Kollision mit dem Straßen- und Schienenverkehr sowie durch Anfliegen an Stromleitungen erleiden.

BAIRLEIN, F. (1985): Dismigration und Sterblichkeit in Süddeutschland beringter Schleiereulen (*Tyto alba*). – Vogelwarte 33: 81–108.
BÜHLER, P. (1977): Gefährdung und Schutz der Schleiereule (*Tyto alba*). – Bericht DS/IRV 17: 63–68.
KAUS, D. (1977): Zur Populationsdynamik, Ökologie und Brutbiologie der Schleiereule (*Tyto alba*) in Franken. – Anzeiger Orn. Ges. Bayern 16: 18–44.
SCHNEIDER, W. (1964): Die Schleiereule (*Tyto alba*). – Neue Brehm-Bücherei, Band 340. – A. Ziemsen Verlag, Wittenberg Lutherstadt.
SCHÖNFELD, M. & G. GIRBIG (1975): Beiträge zur Brutbiologie der Schleiereule (*Tyto alba*) unter besonderer Berücksichtigung der Abhängigkeit von der Feldmausdichte. – Hercynia N. F. 12: 257–319.
SCHÖNFELD, M. & G. GIRBIG & H. STURM (1977): Beiträge zur Populationsdynamik der Schleiereule (*Tyto alba*). – Hercynia N. F. 14: 303–351.
ZIESEMER, F. (1980): Siedlungsdichte und Bruterfolg von Schleiereulen (*Tyto alba*) in einer Probefläche vor und nach Anbringen von Nisthilfen. – Vogelwelt 101: 61–66.

▲ Vorkommen: In Mitteleuropa häufiger Brutvogel, der vor allem im ziemlich waldfreien Tiefland vorkommt, wo er im Winter überleben kann.

▲ Kennzeichen: Kleiner als Taube, kurzschwänzig, niedrige Stirn und flacher Oberkopf, große gelbe Augen und weiße Überaugenstreifen, die wie Augenbrauen wirken.

Steinkauz
Athene noctua

Größe: 22 cm
Spannweite: 55–61 cm
Gewicht (jahreszeitlich schwankend):
Männchen 150–200 g (∅ 180 g),
Weibchen 170–230 g (∅ 200 g)

Gefieder oberseits erdbraun, auf dem Scheitel mit Längsreihen kleiner weißer Flecken, auf den Schultern und Flügeln mit großen weißen Tropfen- und Querflecken; unterseits gelblichweiß mit breiten braunen, auf der Brust ziemlich dichten Längsflecken. Die Beine sind weißlich befiedert, während die Zehen nur mit borstenartigen Federn besetzt sind.

▲ Verhalten: Der Steinkauz ist auch am Tage zu beobachten, sitzt gern in der Sonne und jagt nicht selten schon am Nachmittag. Die Hauptaktivität liegt jedoch in der Zeit zwischen Sonnenuntergang und Mitternacht sowie in den frühen Morgenstunden. Sein Flug ist meist niedrig und verläuft wellenförmig wie bei den Spechten. Wenn er irgendwo sitzt, wirkt er in der Erregung wie ein kleiner Kobold: Hoch aufgerichtet stehend duckt er sich plötzlich in eine fast waagerechte Körperhaltung, um gleich darauf wieder in die Höhe zu schnellen – und dies in mehrfachem Wechsel.

▲ Stimme: Entsprechend seinem lebhaften Wesen ist der Steinkauz recht ruffreudig und nicht selten auch am Tage zu hören. Der Erregungs- und Warnruf ist ein lautes „kwiju", außerdem hört man bellende „kiff"-Laute und „kuitt"-Rufe. Der Balzruf des Männchens ist ein langgezogenes „guhk", das in Abständen von 3–5 Sekunden ertönt und sowohl zum Anlokken eines Weibchens als auch zur Abgrenzung des Brutreviers gegen benachbarte Männchen dient. Den Ruf hört man mitunter schon im Winter, hauptsächlich jedoch im März/April – vor allem von der

Abenddämmerung an bis gegen Mitternacht.
Der Lockruf des Weibchens ist ein leises „schrie".
Ganz ähnlich klingen auch die Bettellaute der Jungen.

▲ Verbreitung: Von Westeuropa und den Ländern um das Mittelmeer – einschließlich Nordafrika – quer durch Eurasien bis nach China mit Schwerpunkten in der mediterranen Steppen- und Wüstenzone.

Steinkauz im Anflug auf seine Brut-höhle. Aufnahme Bio-Info/Ecke

▲ Lebensraum: Der Steinkauz liebt möglichst offenes und ebenes Gelände. Er lebt deshalb bei uns in der Kulturlandschaft, speziell in Dauergrünlandgebieten mit Baumreihen oder Baumgruppen.
Besonders ist er dort anzutreffen, wo alte Obstbäume auf Feldern, in Dorfgärten oder an Landstraßen stehen oder wo hohle Kopfweiden einen Bachlauf säumen. Auch bei isoliert liegenden Bauernhöfen und am Rand von Dörfern kann er vorkommen, wenn er dort in alten Gebäuden ungestörte Schlupfwinkel findet. Geschlossene Waldgebiete meidet er völlig. In Gebirgen ist er normalerweise nur in den Tälern unterhalb 600 m anzutreffen.

▲ Reviergröße und Siedlungs-dichte: Generell hängt die Siedlungsdichte weitgehend vom Vorhandensein geeigneter Höhlen ab, die als Tagesruhe- und Brutplatz beansprucht werden. Aber auch die klimatischen Verhältnisse, speziell im Winter, scheinen als Minimumfaktor eine Rolle zu spielen.
Im optimalen Lebensraum mit reichem Nahrungs- und Höhlenangebot kann die Siedlungsdichte erstaunlich groß sein. Jedoch sind im Durchschnitt nur 3–5 Paare pro 10 km^2 Fläche festzustellen. Das Jagdrevier eines Paares umfaßt nur etwa 50 ha.

▲ Jagdweise und Ernährung: Die Jagd betreibt der Steinkauz meist von Ansitzwarten aus, ansonsten in niedrigem Suchflug oder auch zu Fuß; so sucht er hüpfend den Boden nach Insekten und Regenwürmern ab, die in der warmen Jahreszeit einen wesentlichen Bestandteil seiner Nahrung bilden.
Der Biomasse nach ist die *Feldmaus* sein Hauptbeutetier; daneben ernährt er sich von anderen *Kleinsäugern*, kleinen *Bodenvögeln, Kriechtieren* und *Lurchen* (z. B. Grasfröschen).

▲ Gewölle: ⌀ 37 mm lang und 13 mm dick.
Steinkauz-Gewölle sind ziemlich schlank; charakteristisch für sie ist, daß sie in der warmen Jahreszeit viele Chitinteile (Flügel, Brustpanzer, Beine) von Käfern enthalten.

▲ Fortpflanzung: Geschlechtsreife gegen Ende des 1. Lebens-

Steinkauz im Anflug auf seine Brut-höhle. Aufnahme Bio-Info/Ecke

Flügger Jungvogel. Aufnahme H. D. Brandl

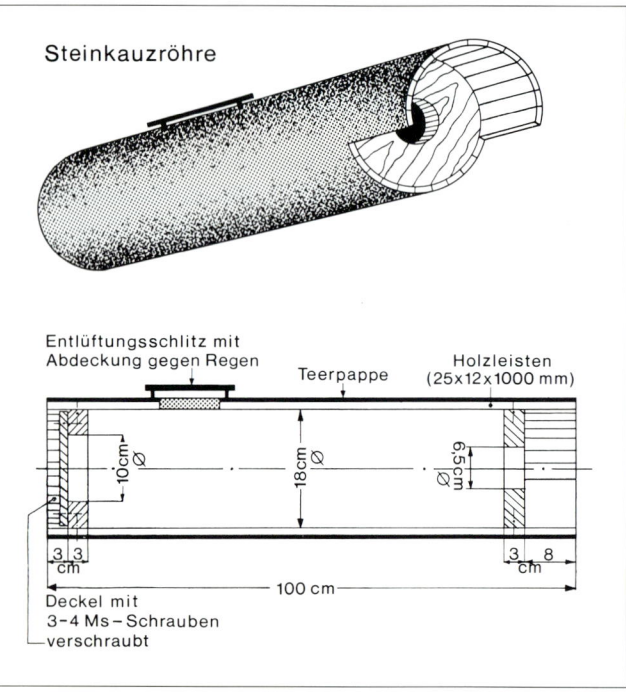

Steinkauzröhre

Entlüftungsschlitz mit
Abdeckung gegen Regen   Teerpappe   Holzleisten
                                      (25x12x1000 mm)

10 cm ⌀   18 cm   6,5 cm ⌀

3 3
cm   ← 100 cm →   3 8
cm

Deckel mit
3–4 Ms – Schrauben
verschraubt

jahres. Die Partner eines Paares
leben häufig in Dauerehe. Brut-
platztreue ist sehr ausgeprägt.
Bevorzugt werden natürliche
Höhlungen in Kopfweiden oder
in alten Obstbäumen, daneben
auch Mauerlöcher und sonstige
ungestörte Schlupfwinkel in
Gebäuden; neuerdings vieler-
orts in Spezialniströhren (siehe
Hilfsmaßnahmen!).
Balzzeit: Ende Februar bis Mitte
April.
Legebeginn: Mitte April bis Mit-
te Mai (Nachgelege bis Mitte
Juni). Normalerweise jährlich
nur eine Brut.
Gelegegröße: Meist 3–5, selte-
ner 6 oder 7 Eier (⌀ 34,4 x 29,6
mm; 15,6 g).
Legeabstand: Meist 2 Tage.
Brutdauer: 24–28 Tage.
Das Weibchen brütet allein und
wird vom Männchen mit Nah-

Hilfsmaßnahmen

Erfassung des Steinkauzbestandes sowie der noch bestehenden Brut-
plätze in einem bestimmten Gebiet. Hierzu ist es erforderlich, im März/
April auf geeigneten Flächen abends und nachts bei windstillem, klarem
Wetter *zu verhören*. Dies geschieht am besten auch mit Hilfe einer
Klangattrappe (Abspielen der Rufe vom Tonbandgerät), um die anwe-
senden Steinkäuze zur Antwort zu motivieren.

Die praktischen Schutzmaßnahmen beginnen in der Regel mit der Kar-
tierung aller potentiellen Brutplätze, um anschließend deren Sicherung
und Pflege betreiben zu können.

Potentielle Steinkauz-Brutplätze sind alle zur Höhlenbildung neigenden
Bäume in der offenen Landschaft, insbesondere alte hochstämmige
Obstbäume sowie Kopfbäume (z.B. Kopfweiden). Ein Teil dieser Bäume
kann kurzfristig schon dadurch gesichert werden, daß die Grundeigen-
tümer auf die Bedeutung der Bäume hingewiesen werden. Langfristig ist
eine Unterschutzstellung anzustreben. Dringend pflegebedürftige Kopfbäume, deren Äste schon dicker als 10 cm sind, so daß ein Auseinander-
brechen droht, sind gesondert zu kartieren, damit umgehend Pflegemaßnahmen eingeleitet werden können.

Grundsätzlich sind die Sicherung und Pflege der vorhandenen Brutplätze und die Schaffung neuer natürlicher Brutstätten weitaus wichtiger als
das Anbringen von künstlichen Bruthilfen.

SCHWARZENBERG hat 1970 eine spezielle Steinkauz-Brutröhre entwik-
kelt, die von zylindrischer Form, etwa 1 m lang und an beiden Enden mit
runden Holzscheiben von 18 cm Durchmesser verschlossen ist; das Einflugloch in der vorderen Holzscheibe muß 6,5 cm Durchmesser haben.
Die Brutröhre wird waagerecht in einem Baum angebracht. Es können
auch vergleichbare viereckige Konstruktionen aus Brettern hergestellt
werden zur Anbringung an Feldscheunen, Viehhütten oder anderen Gebäuden.

Dadurch, daß in den 70er Jahren viele Vogelschutzgruppen solche Brutröhren gebaut und an geeigneten Stellen angebracht haben, konnte
dem Steinkauz gezielt geholfen werden. Der katastrophale Bestandsrückgang kam gebietsweise zum Stillstand; lokal konnten sogar Bestandszunahmen festgestellt werden.

Als notwendig hat sich allerdings erwiesen, daß die Brutröhren nach
oben Belüftungsöffnungen haben müssen, um der Feuchtigkeitsbildung
im Inneren der Höhle entgegenzuwirken. Außerdem ist es wichtig, die
Brutröhren vor Mardern zu sichern; am wirksamsten geschieht dies mit
Hilfe eines marderabwehrenden Duftstoffes.

Eine Grundvoraussetzung für das Überleben von Steinkauz-Populatio-
nen ist auch die Erhaltung von Grünlandgebieten zur Sicherung der
Ernährungsbasis. Am besten ist es, wenn die landwirtschaftliche Nutzung dieser Flächen möglichst extensiv erfolgt.

Begleitend zu den aufgeführten praktischen Hilfsmaßnahmen sollte in
allen Fällen eine intensive Öffentlichkeitsarbeit (Gespräche, Diavorträge,
Presseberichte) stattfinden, um den Sinn und die Notwendigkeit der
Schutzbemühungen bekannt zu machen.

rung versorgt. Im Aufzuchtfutter der Jungen bilden Käfer, Ohrwürmer, Heuschrecken, Asseln und Regenwürmer wichtige Anteile neben Kleinsäugern und Kleinvögeln.

Im Alter von 30–35 Tagen verlassen die Jungen die Bruthöhle, ohne voll flugfähig zu sein, können aber 1 Woche später gut fliegen. Sie werden noch weitere 5 Wochen von den Eltern mit Nahrung versorgt, bis sie schließlich selbständig sind und aus dem elterlichen Revier abwandern.

▲ Wanderungen: Im allgemeinen ist der Steinkauz Standvogel, der sich nach Möglichkeit in geringer Entfernung vom Geburtsort ansiedelt und dann dem gewählten Brutort meist treu bleibt. Nur die Jungvögel streichen etwas umher, aber selten weiter als 50 km.

▲ Sterblichkeit: Im 1. Lebensjahr ca. 70%, in späteren Lebensjahren ca. 35%.

▲ Höchstalter: 15 Jahre.

Bestandsgefährdung: Mit der Intensivierung der Landwirtschaft in den letzten 2 Jahrzehnten kam es 1.) zu umfangreichen Rodungen von hochstämmigen Obstbäumen und alten Kopfbaumreihen, 2.) zu großflächigen Umwandlungen von Dauergrünland in Ackerland. Dadurch hat der Steinkauz vielerorts sowohl die Brutplätze und Tageseinstände als auch die Ernährungsbasis verloren und reagierte mit einem drastischen Bestandsrückgang.

Exo, K. M. (1981): Zur Nistökologie des Steinkauzes (*Athene noctua*). – Vogelwelt 102: 161 – 180.

Exo, K. M. (1983): Habitat, Siedlungsdichte und Brutbiologie einer niederrheinischen Steinkauzpopulation (*Athene noctua*). – Ökologie der Vögel 5: 1–40.

Exo, K. M. & R. Hennes (1978): Empfehlungen zur Methodik von Siedlungsdichte-Untersuchungen am Steinkauz (*Athene noctua*). – Vogelwelt 99: 137–141.

Loske, K.-H. (1978): Gezielte Maßnahmen zur Bestandserhaltung bzw. Vermehrung des Steinkauzes in Mittelwestfalen. – Vogelwelt 99: 226–229.

Schwarzenberg, L. (1985): Die mardersichere Steinkauzröhre durch chemischen Duftstoff. – Eulen-Arbeitsgemeinschaft Saar im DBV-Landesverband Saarland e. V.

Ullrich, B. (1980): Zur Populationsdynamik des Steinkauzes (*Athene noctua*). – Vogelwarte 30: 179–198.

▲ <u>Vorkommen:</u> In Mitteleuropa sind Brutvorkommen hauptsächlich auf die ausgedehnten Waldgebiete der Mittelgebirge beschränkt, wo diese Art jedoch gar nicht so selten ist, wie früher angenommen wurde. In einigen Regionen sind inzwischen dank gezielter Hilfsmaßnahmen mit mardersicheren Nistkästen of-

Rauhfußkauz
Aegolius funereus

Größe: 24–26 cm
Spannweite: 53–60 cm
Gewicht: Männchen etwa 100 g, Weibchen etwa 160 g

fenbar Bestandszunahmen erfolgt.

▲ <u>Kennzeichen:</u> In der Größe etwa wie Steinkauz, von dem er

Rauhfußkauzschädel von vorn (links) und oben (rechts) mit asymmetrischen Ohröffnungen. Zeichnung Friedhelm Weick aus „Glutz & Bauer, Handbuch der Vögel Mitteleuropas, Band 9" Aula-Verlag, Wiesbaden

sich jedoch durch den größeren und runderen Kopf deutlich unterscheidet.

Der ausgeprägte helle Gesichtsschleier ist seitlich schwarzbraun umrandet; zwischen den gelben Augen befindet sich beiderseits des Schnabels ein schwarzer Längsfleck. Gefieder oberseits dunkelbraun mit rundlichen weißen Flecken (die an Perlen erinnern), unterseits

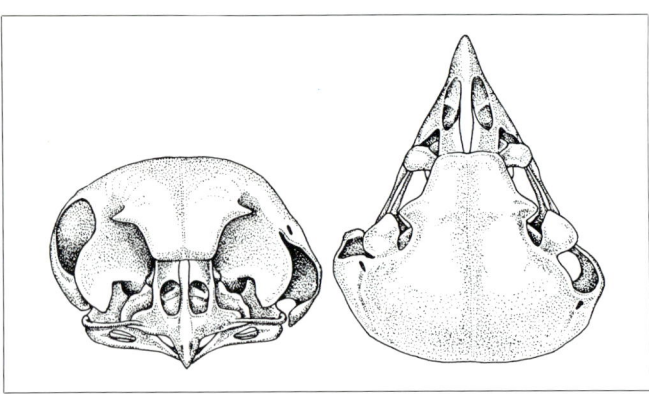

hell mit verwaschener graubrauner Fleckung. Die Füße tragen bis zu den Krallen eine dichte weiße Befiederung – daher der Name Rauhfußkauz. Abgesehen vom Gewicht und Verhalten am Brutplatz, sind Männchen und Weibchen äußerlich nicht zu unterscheiden.

Jungvögel sind fast einheitlich dunkelbraun gefärbt, auf Flügeln und Schwanz weiß geperlt. Der Flug ist gerade, nicht spechtartig bogenförmig wie beim Steinkauz; Flügel und Schwanz sind auch länger als beim Steinkauz.

▲ Verhalten: Nur nachts aktiv. Tagesruhe in Nadelbäumen. Weibchen schaut aus der Bruthöhle, wenn man am Baum kratzt.

▲ Stimme: Besonders auffällig und kennzeichnend ist im Frühjahr (ab Februar) der nächtliche Reviergesang des Männchens, eine schnelle Folge von 5–7 wohltönenden u-Lauten, die den Tönen einer Okarina ähneln. Diese Strophe von knapp 2 Sekunden Dauer wird mit entsprechenden Pausen häufig wiederholt und ist einige hundert Meter weit zu hören. Noch unverpaarte Männchen singen oft die ganze Nacht hindurch, mitunter sogar noch im Mai und Juni. Je nach Erregungsgrad, wie auch individuell, können

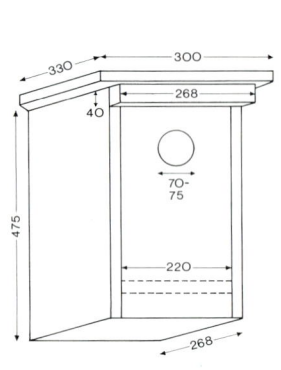

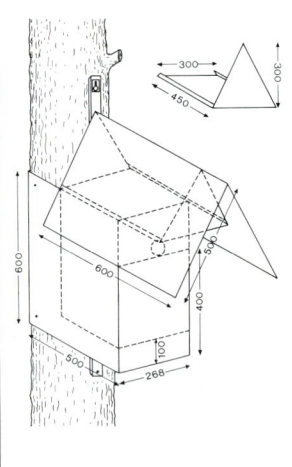

Strophenfrequenz und -klangfarbe ziemlich stark variieren. Bei Anwesenheit eines Weibchens, beim Höhlenzeigen und Paarungsverhalten steigert sich der Gesang des Männchens zum unzählig vielsilbigen Triller und zum schnurrenden Roller. Der Lockruf von Männchen und Weibchen ist ein leises „uud" oder „muid", das in vielerlei Abwandlungen geäußert wird. Der Schreck- oder Warnruf, den man auch außerhalb der Fortpflanzungszeit hören kann, klingt wie ein scharfes „zjuck" oder „píu".

Der Bettellaut der fast flüggen oder ausgeflogenen Jungen ist ein sehr hohes, ziemlich leises „chiik" oder „psii".

▲ Verbreitung: Von Mittel- und Nordeuropa in einem breiten Gürtel quer durch das nördliche Eurasien bis nach Nordost-Sibirien, Kamtschatka und Nordost-China verbreitet; südlich davon isolierte Vorkommen in Gebirgen, z.B. im Kaukasus und im Tienschan. Außerdem in einer schmaleren Zone quer durch Kanada und Alaska verbreitet.

In Mitteleuropa ist das Brutvorkommen in der Hauptsache auf Gebirgsgegenden mit ausgedehntem Waldbestand beschränkt; in der BRD sind dies im wesentlichen folgende Bereiche: Bayerische Alpen, Schwarzwald und Schwäbische Alb, Fränkischer und Oberpfälzer Jura, Bayerischer Wald, Fichtelgebirge und Frankenwald, Haßberge, Rhön, Hessisches Bergland, Gebirge in Rheinland-Pfalz, Siegerland und Sauerland, Solling, Kau-

funger Wald, Harz, Lüneburger Heide. Der Gesamtbestand in der BRD umfaßt gegenwärtig schätzungsweise 1200 Brutpaare.

▲ Lebensraum: Als ausgesprochener Höhlenbrüter ist der Rauhfußkauz normalerweise auf Altholzbestände – meist von Rotbuchen oder Kiefern – mit Schwarzspechthöhlen angewiesen. In der Nähe braucht er Fichtenbestände zur Tagesruhe sowie offene Flächen (Lichtungen, Waldwiese, Kahlschlagflächen) zum Jagen.

Auf den offenen Flächen ist das Nahrungsangebot in Form von Mäusen meist wesentlich höher als im geschlossenen Waldbestand. Daß dies auch Auswirkungen auf den Bestand des

Rauhfußkauzes hat, konnte im Harz festgestellt werden: Als dort nach 1945 große Kahlschlagflächen entstanden, war ein relativ hoher Rauhfußkauzbestand die Folge; nach der anschließenden Wiederaufforstung ging der Bestand zurück. Nachdem durch die Sturmkatastrophe von 1972 viele Waldbestände umgeworfen worden waren und erneut große Kahlflächen entstanden, nahm der Bestand – nun allerdings auch durch das Anbringen von Nistkästen begünstigt – wieder zu.

▲ Reviergröße und Siedlungsdichte: Die Zahl der singenden Männchen in einem bestimmten Gebiet ist meist wesentlich größer als die Zahl der brütenden Paare; vermutlich haben die Weibchen höhere Verluste – z. B. in den Bruthöhlen durch Marder. Im übrigen ist die Siedlungsdichte weitgehend vom

Rauhfußkauz-Ästlinge
Aufnahme H. Gasow

Angebot an Bruthöhlen abhängig und kann in geeigneten Gebieten durch Anbringen von Nistkästen erheblich gesteigert werden.

Benachbarte Paare haben oft Rufkontakt und brüten manchmal nur 100 m voneinander entfernt. Es wurden schon 3 Paare mit erfolgreichen Bruten auf einer Fläche von nur 1 km^2 festgestellt. Die Reviere der einzelnen Paare sind also sehr klein und umfassen nur die nähere Umgebung von Brutplatz und Tageseinstand. Großflächig ist jedoch mit einer Siedlungsdichte von etwa 10 Brutpaaren auf 100 km^2 zu rechnen.

▲ <u>Jagdweise und Ernährung:</u> Die Jagd findet nur nachts statt, meist vom Ansitz aus, wobei die Beutetiere akustisch lokalisiert und im Stoßflug erbeutet werden. Die genaue Lokalisation wird durch die großen, asymmetrisch ausgebildeten Ohröffnungen ermöglicht (siehe Abb. S. 60).

Im Durchschnitt setzt sich die Nahrung folgendermaßen zusammen:

Etwa 70 % Mäuse, wovon 56 % auf Wühlmäuse (vor allem Erd- und Rötelmäuse) und 14 % auf echte Mäuse (vor allem Wald- und Gelbhalsmäuse) entfallen.
Etwa 19 % Spitzmäuse, vor allem Waldspitzmäuse.
Knapp 9 % Kleinvögel (bis Drosselgröße) sowie
2 % andere *Kleinsäuger* (z.B. Haselmäuse).
Je nach dem örtlichen und zeitlichen Angebot können die Anteile der genannten Hauptbeutetiere natürlich beträchtlich variieren.

▲ <u>Gewölle:</u> ⌀ 32 mm lang und 15 mm dick.
Sie unterscheiden sich durch ihre bauchige Form und das Feh-

len von Insektenanteilen von den etwa gleich großen, aber schlankeren Gewöllen des Steinkauzes.

▲ <u>Fortpflanzung:</u> Geschlechtsreife im 1. Lebensjahr. Wahrscheinlich nur Saisonehe, also zu jeder Brut Neuverpaarung. Als Brutplatz dienen in der Regel Schwarzspechthöhlen. Wo solche oder andere natürliche Baumhöhlen fehlen, werden auch Nistkästen angenommen, manchmal sogar in der Nähe von Häusern. Balz ab Februar.

Legebeginn: Mitte März bis Anfang Mai (meist Anfang April), je nach Nahrungsangebot und

Witterung. In sehr mäusereichen Jahren kann bei Brutverlust eine Ersatzbrut stattfinden; unter Umständen führt dann auch ein Weibchen an anderer Stelle mit einem anderen Männchen eine zweite Brut durch, oder ein Männchen zieht gleichzeitig mit zwei Weibchen Junge auf.

chen mit Nahrung versorgt. Kratzt man in dieser Zeit am Brutbaum, erscheint das Weibchen meist im Höhleneingang und schaut mit starrem Blick heraus. Dies ist offenbar ein angeborenes Abschreckungsverhalten sowohl gegenüber anderen Vögeln, die sich für die Höhle interessieren, als auch gegen-

Hilfsmaßnahmen

Wegen des Mangels an natürlichen Bruthöhlen ist es dringend erforderlich, Altholzbestände, vor allem von Rotbuchen, in denen es Schwarzspechthöhlen gibt, so lange wie möglich zu erhalten. Dies wird z. B. in Hessen durch das „Altholzinselprogramm" seit einigen Jahren praktiziert.
– Außerdem kann man dem Rauhfußkauz durch das Anbringen von geeigneten Nistkästen helfen. Hierdurch kann die Art vor allem in solchen Waldgebieten angesiedelt und unterstützt werden, in denen sie normalerweise wegen des Fehlens von natürlichen Höhlen nicht brüten könnte, wie gerade in den großen Fichtenforsten der Mittelgebirge.
Allerdings müssen die Nistkästen mit entsprechenden Schutzvorrichtungen vor Mardern gesichert werden, da sonst der Bruterfolg in Frage gestellt wird. Hierzu gibt es zwei Möglichkeiten: Entweder wird um den Baumstamm, an dem der Kasten hängt, oberhalb und unterhalb des Kastens jeweils eine ca. 80 cm breite, erweiterungsfähige Blechmanschette gelegt, über die ein Marder nicht hinwegklettern kann. Oder man sichert den Kasten selbst durch eine entsprechende Verkleidung mit Blech- beziehungsweise Plastikplatten. Diese bilden dann ein weit vorspringendes Dach und stehen auch nach unten so weit vor, daß ein Marder weder von oben noch von unten an das Einflugloch des Kastens heranklettern kann. Außerdem ist darauf zu achten, daß die Nachbarbäume gegenüber dem Einflugloch mindestens 4 m entfernt stehen, damit ein Marder nicht von dort aus gezielt in das Einflugloch des Kastens springen kann.

Gelegegröße: Meist 3–6, in mäusereichen Jahren bis 10 Eier (∅ 32,7 x 26,6 mm, 12 g).
Legeabstand: 2 Tage.
Brutbeginn: Ab dem zweiten Ei.
Brutdauer: 26–28 Tage.
Das Weibchen bleibt während der ganzen Brutzeit und in den ersten drei Wochen der Jungenaufzucht fast ständig in der Bruthöhle und wird vom Männ-

über natürlichen Feinden. Da die Weibchen jedoch oft sehr fest auf dem Gelege sitzen, kommt es nicht selten vor, daß sie Mardern zum Opfer fallen. Frischgeschlüpfte Junge wiegen etwa 8 g; ihre Augen öffnen sich nach 8–11 Tagen. Entsprechend den Legeabständen gibt es bei den Jungen z. T. beträchtliche Alters- und Größenunterschiede. Im Alter von 30–32 Tagen fliegen die Jungen aus und kehren nicht mehr in die Bruthöhle zurück. Sie werden noch 3–5 Wochen von den Eltern betreut, bis sie selbständig sind.

▲ Wanderungen: In Mitteleuropa sind Altvögel meist reviertreue Standvögel (vor allem die Männchen, weniger dagegen die Weibchen), während die Jungvögel sich in alle Richtungen zerstreuen, im Durchschnitt nur 10–20 km weit vom Geburtsort, maximal aber 482 km weit. Dagegen zeigen bei den nordeuropäischen Populationen sowohl Jung- als auch Altvögel größere Wanderbewegungen, die in manchen Jahren invasionsartig verlaufen und maximal 1350 km weit reichen können.

▲ Sterblichkeit: Im 1. Lebensjahr ist die Sterblichkeit mit schätzungsweise etwa 80 % außerordentlich hoch, während sie in späteren Lebensjahren durchschnittlich 28 % beträgt.

▲ Höchstalter: Ein beringtes Weibchen wurde im mindestens 10. Lebensjahr als Brutvogel kontrolliert; das erreichbare Höchstalter wird auf etwa 15 Jahre geschätzt.

▲ Bestandsgefährdung: Durch die Intensivierung der Forstwirtschaft und den verstärkten Anbau von Fichten-Monokulturen hat sich in den Mittelgebirgen für den Rauhfußkauz ein zunehmender Mangel an natürlichen Bruthöhlen ergeben.

FRANZ, A., TH. MEBS & E. SEIBT (1984): Zur Populationsbiologie des Rauhfußkauzes (*Aegolius funereus*) im südlichen Westfalen und in angrenzenden Gebieten anhand von Beringungsergebnissen. – Vogelwarte 32: 260–269.

KORPIMÄKI, E. (1981): On the ecology and biology of Tengmalm's Owl (*Aegolius funereus*). – University of Oulu, Finland.

MÄRZ, R. (1968): Der Rauhfußkauz (*Aegolius funereus*). – Neue Brehm-Bücherei, Band 394. – A. Ziemsen Verlag, Wittenberg Lutherstadt.

SCHELPER, W. (1972): Die Biologie des Rauhfußkauzes, *Aegolius funereus* (L.). – Dissertation, Göttingen.

SCHWERDTFEGER, O. (1984): Verhalten und Populationsdynamik des Rauhfußkauzes (*Aegolius funereus*). – Vogelwarte 32: 183–200.

▲ <u>Vorkommen:</u> In Mitteleuropa hauptsächlich in den Alpen und einigen höheren Mittelgebirgen (z. B. Erzgebirge, Bayerischer Wald, Böhmerwald, Schwarzwald), stellenweise auch in tiefer gelegenen Waldgebieten als Brutvogel.

▲ <u>Kennzeichen:</u> Kleinste einheimische Eule, nur etwa so groß wie ein Star. Runder Kopf

Sperlingskauz
Glaucidium passerinum

Größe: Männchen 16 – 17 cm,
Weibchen 18 – 19 cm
Spannweite: Männchen etwa 35 cm,
Weibchen etwa 38 cm
Gewicht: Männchen ∅ 68 g, Weibchen ∅ 78 g

mit flachem Scheitel und kleinen gelben Augen unter weißen „Augenbrauen".
Gefieder oberseits dunkelbraun mit kleinen weißen Flecken, unterseits weiß mit schmalen braunen Längsstreifen. Der braune Schwanz zeigt 5 weiße Querbinden und ragt deutlich über die Flügelspitzen hinaus. Das „Schwanzstelzen" (siehe Verhalten) ist auch ein sehr typisches Kennzeichen.

▲ <u>Verhalten:</u> Hauptsächlich in der Morgen- und Abenddämmerung aktiv, besonders während der Jungenaufzucht aber auch am Tage.
Sehr lebhaftes Wesen, wenig scheu. Sitzt gern auf erhöhten Warten, häufig auf dem Wipfeltrieb einer Fichte – mitunter auch am hellen Tag. Als Ausdruck der Erregung schlägt er den Schwanz nach Art der Würger seitwärts oder stelzt ihn nach oben wie der Zaunkönig.
Flug teils spechtartig wellenför-

mig wie beim Steinkauz, teils schnell und gerade wie beim Star. Das Flugbild zeigt kurze runde Flügel und einen oft fächerförmig gespreizten, abgerundeten Schwanz.

▲ <u>Stimme:</u> Der monotone Reviergesang des Männchens im Frühjahr besteht aus „djü"-Rufen, die in Abständen von etwa 2 Sekunden wiederholt werden, so daß pro Minute etwa 30 bis 35 Rufe ertönen. Noch unverpaarte Männchen singen oft stundenlang. In Erregung (bei Erscheinen eines Weibchens, eines Rivalen oder bei Imitation der Rufe) folgen dem Einzelruf zwei oder drei kurze und leisere Töne: „djü-üüü" (Vibriergesang).
Vom Weibchen hört man zur Brutzeit am häufigsten den hel-

en, anschwellenden Bettellaut bzw. Lockruf „siiht", daneben auch einen gackernden Reviergesang.

Außerdem lassen Männchen und Weibchen in bestimmten Situationen Triller hören, so beim Höhlenzeigen, bei der Paarung und bei Fütterungen. Bei Beunruhigung und als Warnruf ertönen „giu"-Rufe, einzeln oder gereiht.

Ebenfalls von beiden Geschlechtern hört man zu allen Jahreszeiten – besonders häufig jedoch im Herbst – eine in der Tonhöhe ansteigende Rufreihe (die „Tonleiter") von 6 bis 8 „wüh"-Lauten, deren letzter im Überschlag mißtönt.

Die Bettelrufe der Jungen sind ein langgezogenes „siij" oder ein kurzes „si-sip".

▲ Verbreitung: Von Nordeuropa (Norwegen, Schweden, Finnland) quer durch Eurasien bis nach Ostsibirien und ins Amurgebiet; außerdem in einem südwestlichen Ausläufer bis in die mitteleuropäischen Gebirgszüge: Alpen, Französischer und Schweizer Jura, Vogesen, Schwarzwald, Bayerischer Wald und Böhmerwald, Fichtelgebirge, Thüringer Wald, Erzgebirge.

Neuerdings auch in tieferen Lagen Brutvorkommen, vor allem in Nordbayern; in der Lüneburger Heide hat ein Brutversuch stattgefunden.

▲ Lebensraum: Ältere Nadel- und Mischwälder mit aufgelockerter Struktur, wo der Sperlingskauz in Spechthöhlen Brut- und Depotplätze findet und auf Lichtungen, Waldwiesen und kleinen Hochmooren die Jagd ausübt. In den Alpen bis zur oberen Baumgrenze hinauf verbreitet.

▲ Reviergröße und Siedlungs-dichte: In den Alpen wurde eine Siedlungsdichte von etwa 14 Paaren auf 100 km² ermittelt. Dagegen hat SCHERZINGER im Nationalpark Bayerischer Wald auf 120 km² Fläche insgesamt 50 Sperlingskauz-Reviere festgestellt. Die einzelnen Reviere waren im Mittel 140 ha groß. Im Erzgebirge wurden Reviergrößen von 54–100 ha ermittelt.

▲ Jagdweise und Ernährung: Der Sperlingskauz jagt auch am Tage, hauptsächlich jedoch in der Morgen- und Abenddämmerung. Meist betreibt er die Ansitzjagd (auf Bodentiere), daneben auch die Lauer- und Flugjagd auf Vögel mit Überraschungsangriffen und Verfolgungen. Er lokalisiert die Beutetiere vorwiegend visuell.

Etwa $\frac{2}{3}$ seiner Beutetiere sind *Kleinsäuger*, vor allem Erdmäuse, Rötelmäuse und Waldspitzmäuse.

$\frac{1}{3}$ sind *Kleinvögel*, vor allem Finken und Meisen.

Wenn im Winter hoher Schnee den Kleinsäugerfang erschwert oder unmöglich macht, bilden Kleinvögel den Hauptanteil der Nahrung. Vor allem während des Winters, aber auch zur Brutzeit werden geschlagene Beutetiere in Spechthöhlen oder auch in Nistkästen als Vorrat für Tage mit schlechtem Wetter oder für sonstigen Bedarf deponiert.

▲ Gewölle: ∅ 27 mm lang und 12 mm dick.

▲ Fortpflanzung: Mit 4 – 5 Monaten geschlechtsreif.

Nach der Herbstbalz im Oktober, die der Revierabgrenzung dient, findet die eigentliche Balz von Anfang März bis Mitte

Sperlingskauz in Droh- und Abwehrhaltung. Aufnahme P. Zeininger

70

Sperlingskauz-Männchen. Erregt schwanzstelzend (links), in Abwehrhaltung (rechts). Zeichnung Friedhelm Weick aus „Glutz & Bauer, Handbuch der Vögel Mitteleuropas, Band 9" Aula-Verlag, Wiesbaden

mal bis zu 9 Eier (⌀ 28,5 x 23,2 mm, 8–9 g).
Legeabstand: 2 Tage.
Brutdauer: 28–30 Tage.
Sobald die Jungen geschlüpft sind, bringt das Männchen häu-

April statt. Zur Brut werden meist Buntspechthöhlen in Fichten benutzt. Die Paare scheinen reviertreu zu sein und brüten manchmal über mehrere Jahre hinweg in derselben Höhle.
Legebeginn: Anfang April bis Anfang Mai. Eine Brut im Jahr.
Gelegegröße: Meist 4–6, seltener nur 3 oder mehr als 6, maxi-

figer Beute herbei, die das Weibchen außerhalb der Höhle übernimmt und dann an die Jungen verfüttert. Nach den Fütterungen reinigt das Weibchen die Höhle von Nahrungsresten und Gewöllen.
Im Alter von 21 – 25 Tagen erscheinen die Jungkäuze im Flugloch der Bruthöhle, mit 30 bis 34 fliegen sie aus. Danach

werden sie noch etwa 4 Wochen von den Eltern betreut.

▲ <u>Wanderungen:</u> In Mitteleuropa sind Sperlingskäuze in der Regel reviertreue Standvögel, während sie in Nordeuropa zu Beginn des Winters nach Süden verstreichen können. Auch in den Alpen kommen Sperlingskäuze in schneereichen Wintern vereinzelt bis in die Täler herunter.

▲ <u>Höchstalter:</u> Bisher 7 Jahre festgestellt.

▲ <u>Bestandsgefährdung:</u> Vor allem durch Veränderung bzw. Zerstörung der Lebensräume. Demgegenüber werden Verluste durch natürliche Feinde (Habicht, Sperber, Waldkauz, Baummarder) bei stabilen Populationen immer wieder ausgeglichen. Das Anlocken der Käuze mit dem Tonband in den entsprechenden Revieren sollte nicht übertrieben werden, da die Vögel hierdurch empfindlich gestört werden.

SCHERZINGER, W. (1970): Zum Aktionssystem des Sperlingskauzes (*Glaucidium passerinum*, L.). – Zoologica 41:1 – 120

SCHERZINGER, W. (1974): Zur Ökologie des Sperlingskauzes (*Glaucidium passerinum*) im Nationalpark Bayerischer Wald. – Anz. Orn. Ges. Bayern 13: 121 – 156

SCHÖNN, S. (1978): Der Sperlingskauz (*Glaucidium passerinum*). – Neue Brehm-Bücherei, Band 513. – A. Ziemsen Verlag, Wittenberg Lutherstadt

▲ <u>Vorkommen:</u> In Mitteleuropa ist der Uhu ein seltener Brutvogel, der in vielen Gebieten bereits ausgestorben war, durch Wiedereinbürgerungsaktionen und Schutzmaßnahmen aber wieder zur Ansiedlung kam, stellenweise nun auch bessere Ernährungsbedingungen vorfindet als früher (z. B. Ratten auf Müllplätzen, winterliche Wasservogel-Ansammlungen auf

Uhu
Bubo bubo

Größe: Männchen 63–68 cm, Weibchen 67–73 cm.
Spannweite: Männchen ∅ 160 cm, Weibchen ∅ 170 cm.
Gewicht (in Mitteleuropa):
Männchen 1700–2100 g (∅ 1900 g),
Weibchen 2200–3000 g (∅ 2600 g).

Stauseen) und infolgedessen neuerdings sogar Bestandszunahme zeigt. Er kommt hauptsächlich in Mittelgebirgen vor, wo es Felsen oder Steinbrüche gibt, die er als Brutplatz bevorzugt.
▲ <u>Kennzeichen:</u> Größte einheimische Eule, doppelt so groß wie eine Waldohreule. Auf-

Uhu mit Bocksgesicht. Zeichnung Friedhelm Weick aus „Glutz & Bauer, Handbuch der Vögel Mitteleuropas, Band 9" Aula-Verlag, Wiesbaden

grund seiner Größe, des massigen Körpers und des dicken Kopfes mit den auffälligen Federohren und den großen orangegelben Augen ist der Uhu mit keinem anderen Vogel zu verwechseln.
Gefieder oberseits rostbraun mit dunkler Fleckung und Bänderung, unterseits heller rostfarben mit dunkelbraunen Längsflecken und feiner dunkler Querzeichnung. Die etwa 8 cm langen Federohren stehen normalerweise schräg nach der Seite und nach hinten ab; sie werden nur bei Erregung infolge von Störung steil aufgerichtet. Beim Rufen – der Schnabel bleibt hierbei völlig geschlossen – wird durch Aufblähen der Kehle ein weißer Fleck sichtbar, der in der Dämmerung auch als optisches Signal wirkt. Kennzeichnend für das Flugbild sind wiederum der dicke Kopf und die langen, ziemlich breiten Flügel.

Die Weibchen sind deutlich schwerer als die Männchen.

▲ <u>Verhalten:</u> Vorwiegend dämmerungs- und nachtaktiv; zur Zeit der Jungenaufzucht auch am Tage aktiv. Ansonsten tagsüber meist versteckt in einer Baumkrone oder Felsspalte sitzend. Abends, in der 1. Stunde nach Sonnenuntergang, läßt das Männchen auch außerhalb der Balzzeit meist einige Rufe hören und sitzt dabei gern frei auf der Spitze eines Baumes oder Felsens, ehe es zur Jagd fliegt. Bei Regen und starkem Wind bleibt es dagegen stumm.

Der Flug ist lautlos; über längere Strecken wird der Ruderflug immer wieder von Gleitphasen unterbrochen; auch Segelflug kommt vor. Die morgendliche Rückkehr des Männchens an den Tagesruheplatz erfolgt etwa eine halbe Stunde vor Sonnenaufgang.

▲ <u>Stimme:</u> Der Uhu hat seinen Namen – sowohl den deutschen als auch den wissenschaftlichen – nach seinem Ruf, einem tiefen, nicht lauten, aber doch weit hörbaren „buho". Dieser Ruf ist beiden Geschlechtern eigen, wird aber am häufigsten vom Männchen geäußert, vor allem in der Balzzeit (Februar/März). Da ertönt dieser Ruf in der Abenddämmerung und nachts mit einigen Sekunden Abstand immer wieder und oft in langer Folge. Auch zu anderen Jahreszeiten läßt das Männchen abends einige Rufe hören, verstärkt zur Zeit der Herbstbalz im Oktober.

Der „uhu"-Ruf des Weibchens liegt etwa eine Terz höher als beim Männchen, woran man die abwechselnd rufenden Partner eines Paares unterscheiden kann. In der Hochbalz steigern sich die Rufe zu einem schnellen „hohohoho". Zur Brutzeit hört man vom Weibchen oft nur den Bettelruf, ein heiseres „gwäng", als Antwort auf das „buho" des Männchens.

Der Bettelruf der größeren oder schon flüggen Jungen ist ein sehr eigenartiges, lautes „chzscht", das dem Kenner eine erfolgreiche Brut verrät.

▲ <u>Verbreitung und Bestand:</u> Der Uhu ist in mehreren Rassen über fast ganz Eurasien – ausgenommen die nördlichsten Gebiete – und Nordafrika verbreitet. In Skandinavien und Finnland scheint er noch relativ häufig zu sein, während er auf den Britischen Inseln und in Dänemark schon seit längerem ausgestorben ist.

In Mitteleuropa ist sein Vor-

75

kommen im wesentlichen auf die Mittelgebirge und die Alpen beschränkt; der Gesamtbestand wird gegenwärtig auf etwa 1 000 Paare geschätzt. Hiervon entfallen auf: BRD ca. 250, DDR ca. 50, Polen ca. 70, ČSSR ca. 300, Ungarn ca. 30, Österreich ca. 200 und Schweiz ca. 100 Paare.

▲ Lebensraum: Reich gegliederte Landschaften mit bewaldeten und offenen Flächen, die auch im Winter genug Nahrung bieten; gern in der Nähe von Flüssen und Seen. Zum Brüten bevorzugt der Uhu felsiges Gelände bzw. Steinbrüche; er kann aber auch an anderen ungestörten Plätzen brüten. Die Jagd findet vorwiegend auf offenen oder nur locker bewaldeten Flächen statt. In den Alpen gehen die Jagdflüge bis auf 2800 m hinauf.

▲ Reviergröße und Siedlungsdichte: In optimalen Bereichen kann die Siedlungsdichte verhältnismäßig hoch sein. So sind im Fränkischen Jura 7 Brutpaare auf etwa 100 km^2 festgestellt worden mit minimalen Brutplatz-Abständen von 1,8 bis 2,8 km. In der Provence (Südfrankreich) lebten auf einer Untersuchungsfläche von 140 km^2

Uhu im Ruderflug. Zeichnung Friedhelm Weick aus „Glutz & Bauer, Handbuch der Vögel Mitteleuropas, Band 9" Aula-Verlag, Wiesbaden

sogar 28 Brutpaare mit minimalen Brutplatzabständen von 1,2 bis 1,6 km. In den Schweizer Alpen sind die Brutplätze in den Optimalbiotopen dagegen im Mittel 6 – 7 km voneinander entfernt. Der Lebensraum eines Brutpaares umfaßt also mindestens 500 bis maximal 3000 ha; zur Fortpflanzungszeit ist jedoch nur ein Bereich von etwa 150 ha um den Brutplatz herum als Revier anzusehen, das gegen Artgenossen verteidigt wird. Die Jagdreviere benachbarter Paare können sich überlappen.

▲ Jagdweise und Ernährung: Die Jagd wird sowohl vom An-sitz aus als auch im Pirschflug betrieben. Dabei erfolgt die Lokalisation der Beutetiere vorwiegend akustisch.

Über die Ernährung des Uhus liegen umfangreiche Beute-Analysen aus vielen Gebieten Europas vor. Diese zeigen, daß die Ernährung generell sehr vielseitig ist, daß aber diejenigen Beutetierarten, die im jeweiligen Untersuchungsgebiet besonders häufig vorkommen, einen entsprechend hohen Anteil bilden: So z. B. *Igel* in Thürin-

77

gen, Nordbayern und auch in Bulgarien, *Schermäuse* in Südost-Schweden, *Wildkaninchen* in der Provence (Frankreich), *Hamster*, *Feldhasen* (meist junge) und *Rebhühner* in Niederösterreich, *Meeresvögel* an den Küsten Norwegens. In fast allen Gebieten kann man jedoch feststellen, daß auch der Uhu sich zu einem wesentlichen Anteil (zwischen *24* und *43 %*) von *Mäusen* und *Ratten* ernährt. In geringerem Maße erbeutet er auch *Krähen* und *Tauben* sowie *Greifvögel* und *Eulen*.

▲ *Gewölle:* ⌀ 72 mm lang und 34 mm dick.
Wegen ihrer Größe kaum mit Gewöllen anderer Arten zu verwechseln.

▲ Fortpflanzung: Geschlechtsreife z. T. erst mit 2 Jahren. Monogame Dauerehe. Revierabgrenzung und Paarbildung schon während der Herbstbalz im Oktober; die eigentliche Balz im Februar/März. Als Brutplatz dienen im Gebirge bevorzugt Felswände mit Höhlungen oder Felsbändern, ebenso Steinbrüche oder schütter bewachsene Steilhänge mit geeigneten Nischen. Im Tiefland, wo Felsen fehlen, findet die Brut am Erdboden, gelegentlich auch auf einem alten Greifvogel-bzw. Graureiherhorst statt. In jedem Fall scheinen freier Anflug und Störungsfreiheit wichtige Voraussetzungen zu sein. Gut geeignete Brutplätze werden oft über viele Jahre hinweg benutzt, mitunter seit Generationen. Das Weibchen scharrt eine flache Mulde von etwa 30 cm Durchmesser.
Legebeginn: Meist im März.

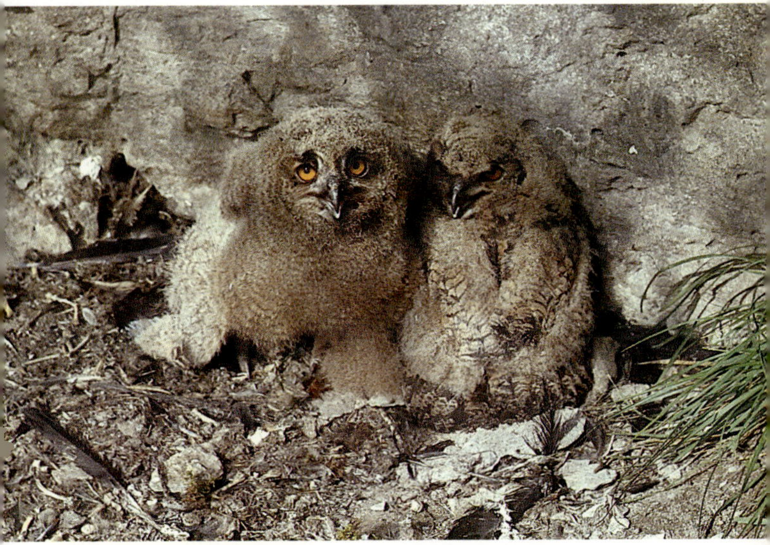

Jungvögel in der Horstnische
Aufnahme P. Hassfurth

Gelegegröße: Meist 2–3, gelegentlich 4, ausnahmsweise 5 Eier (⌀ 59,8 x 49,5 mm, 80 g).
Legeabstand: 3–4 Tage.
Brutbeginn: Ab dem ersten Ei.
Brutdauer: 34 Tage.
Frischgeschlüpfte Junge wiegen etwa 60 g; das Dunenkleid ist weißlich, das Zwischenkleid bräunlichgelb mit feiner dunkler Querzeichnung.
Im Alter von 4–5 Wochen wandern die Jungen vom Brutplatz ab, falls dies möglich ist, und halten sich versteckt in der Umgebung auf. Nur in exponierten Felsnischen bleiben sie bis zum Erlangen der Flugfähigkeit im Alter von 9 Wochen. Sie werden danach noch etwa 3 Monate von den Eltern betreut, bis sie selbständig sind und im September oder Oktober das elterliche Revier verlassen.

▲ Wanderungen: Altvögel sind meist lebenslang reviertreue Standvögel, während die Jungen nach dem Selbständigwerden umherstreichen; durchschnittlich wandern diese aber

Uhu in Abwehrstellung. Zeichnung Friedhelm Weick aus „Glutz & Bauer, Handbuch der Vögel Mitteleuropas, Band 9“ Aula-Verlag, Wiesbaden

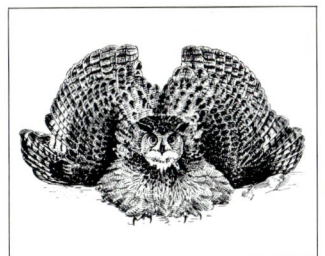

nur 40 km weit vom Geburtsort ab (maximal 205 km weit). Durch Ringfunde ist bewiesen, daß zwischen den Uhu-Populationen in Thüringen und Franken ein Austausch erfolgt.
▲ Sterblichkeit: Im 1. Lebensjahr nach dem Ausfliegen etwa

Aushorstung der Jungen für die Hüttenjagd) zurückzuführen. Neuerdings sind vor allem Unfälle an Stromleitungen, im Straßen- und Schienenverkehr sowie Störungen an den Brutplätzen die Hauptursachen der Bestandsgefährdung.

Hilfsmaßnahmen

In den letzten beiden Jahrzehnten hat die „Aktion Wanderfalken- und Uhuschutz" alljährlich mit vielen freiwilligen Helfern die Bewachung von gefährdeten (Wanderfalken- und) Uhuhorsten organisiert, um Störungen der Bruten weitgehend auszuschließen.

Gleichzeitig hat die „Aktion zur Wiedereinbürgerung des Uhus" in geeigneten Gebieten Uhus freigelassen, die in Gefangenschaft gezüchtet und auf das Schlagen lebender Beutetiere geschult worden waren. Dadurch kam es zur Wiederansiedlung von Uhu-Brutpaaren in Rheinland-Pfalz, Saarland, Hessen, Nordrhein-Westfalen, Niedersachsen und Schleswig-Holstein, wo der Uhu bereits ausgestorben war. In Zukunft muß durch genaue Beobachtungen im Rahmen der Erfolgskontrolle geprüft werden, ob sich die entstandenen Populationen aus eigener Kraft erhalten können. Im positiven Falle sind weitere Uhu-Freilassungen überflüssig.

In Zusammenarbeit mit Stromversorgungsunternehmen wurde erreicht, daß in der Nähe von Brutplätzen besonders gefährliche Elektromasten mit stehenden Isolatoren, an denen Uhus verunglücken können, durch Anbringung von Schutzvorrichtungen entschärft wurden.

Generell sollte jeder, der beim Uhu-Schutz aktiv mitwirken will, Kontakt aufnehmen mit den genannten Aktionen, die über entsprechende Erfahrungen verfügen (siehe Adressen-Verzeichnis).

---

46 %, in späteren Lebensjahren etwa 23 %. Dagegen ist die Sterblichkeit ausgesetzter Uhus etwa doppelt so hoch.
▲ Höchstalter: In freier Natur bisher mindestens 19 Jahre; in Gefangenschaft mehrmals 28 bis 34 Jahre, einmal 53 und einmal sogar 68 Jahre.
▲ Bestandsgefährdung: Der drastische Bestandsrückgang des Uhus in früheren Jahrzehnten war vor allem auf rücksichtslose Verfolgung durch Menschen (Abschuß, Fang,

HERRLINGER, E. (1973): Die Wiedereinbürgerung des Uhus (*Bubo bubo*) in der Bundesrepublik Deutschland. – Bonner Zoolog. Monographien 4: 1 – 151.
PIECHOCKI, R. & R. MÄRZ (1985): Der Uhu (*Bubo bubo*). – Neue Brehm-Bücherei, Band 108. – A. Ziemsen Verlag, Wittenberg Lutherstadt

*Uhu in der Abenddämmerung
Aufnahme G. Wendl*

▲ Vorkommen: In Mitteleuropa sehr seltener und unregelmäßiger Brutvogel, der z. B. in den restlichen Moorgebieten Deutschlands meist nur dann anzutreffen ist, wenn dort Wühlmaus-Gradationen im Gange sind. Als Durchzügler

Sumpfohreule
Asio flammeus

Größe: 35–40 cm
Spannweite: 96–107 cm
Gewicht: Männchen 280–430 g (∅ 350 g),
Weibchen 350–500 g (∅ 420 g)

und Wintergast regelmäßig im Küstenbereich; im Binnenland unregelmäßig, mitunter jedoch im Herbst invasionsartige Einflüge in Gebiete mit hohem Wühlmausbestand.
▲ Kennzeichen: Ähnlich Waldohreule, aber mit sehr kurzen Federohren, die nur beim erregten Vogel gut erkennbar sind. Weitere Unterscheidungsmerkmale sind die schwefelgelbe Iris und die dunkle Umrandung der Augen im sonst hellen Gesichtsschleier, außerdem die stets nur längsgestreifte, nicht quergebänderte Unterseite des Körpers.
Die Grundfarbe des Gefieders ist rostgelb, oberseits mit einem groben Muster breiter dunkelbrauner Flecken gezeichnet, das für die am Boden sitzende Eule eine gute Tarnung darstellt. Unterseits ist das Gefieder weißlich-gelb mit dunkelbraunen Schaftstrichen, die bauchwärts immer schmaler werden. Dadurch wirkt der Bauch viel heller als bei der Waldohreule. Die Füße und Zehen sind bis zu den schwarzen Krallen dicht weiß befiedert. Im Flug fallen die hellen Unterseiten der langen, schlanken Flügel auf, die nur an der Handwurzel und an den Spitzen der Handschwingen dunkel gefleckt sind. Häufig werden die Flügel beim Gleitflug über Jagdflächen schräg nach oben gehalten wie bei den Weihen.
Männchen und Weibchen sind äußerlich kaum zu unterscheiden, wenngleich die Männchen im Durchschnitt heller gefärbt sein sollen als die Weibchen.
▲ Verhalten: Vorwiegend in der Dämmerung aktiv, während der Balz und Revierabgrenzung sowie zur Zeit der Jungenaufzucht aber auch am Tage; die Ruhe beschränkt sich dann auf eine 3–4stündige Mittags- und eine mehrstündige Nachtpause.
Das Männchen markiert sein Revier durch laute Rufreihen und Imponierflüge, bei denen segelndes Kreisen unterbrochen wird von Sturzflügen mit knatterndem Zusammenschlagen der Flügelbuge unter der

Brust (im Gegensatz zur Waldohreule stets mehrere Schläge in schneller Folge!). Eindringende Rivalen werden angegriffen und vertrieben, ebenso Boden- und Luftfeinde (z. B. Füchse, Krähen und Greifvögel). Sogar Menschen, die sich dem Brutplatz nähern, werden im Sturzflug attackiert und unter Umständen sogar verletzt. Ruhepausen verbringt die Eule meist in Deckung, mit Vorliebe am Boden, bei Schneelage in Büschen oder Bäumen; im Frühjahr rastet sie tagsüber gern frei auf Bodenerhebungen oder Pfählen.

▲ Stimme: Der Reviergesang des Männchens im Frühjahr besteht aus dumpfen „bu-bu-bu"-Rufreihen, die meist während des Imponierfluges, aber auch im Sitzen vorgebracht werden und weithin hörbar sind. Oft werden 6–10, bei lebhafter Balz auch bis 20 Einzellaute in schneller Folge aneinandergereiht (im Durchschnitt etwa 8 Rufe in 3 Sekunden).

Das Weibchen bettelt bei der Bodenbalz mit einem fauchenden „tschucha". Erregungs-und Warnrufe der Altvögel am Brutplatz lauten „tjärp" oder bellend „käw" und werden einzeln oder gereiht vorgebracht.

Die aus dem Nest ausgewanderten und verstreut in der Umgebung sitzenden Jungen äußern langgedehnte, schnarchende „kschija"-Bettelrufe, die bis zu 300 m weit hörbar sind.

▲ Verbreitung: Nördliches Eurasien und Nordamerika; weitere Rassen leben in Mittel-

und Südamerika sowie auf Inselgruppen des Pazifik.
In Europa vorwiegend im Norden und Osten verbreitet; dagegen in Mittel- und Westeuropa nur unregelmäßig brütend, südwärts bis zu den Pyrenäen und Alpen; in den Mittelmeerländern fehlend.
Der Gesamtbestand Mitteleuropas beträgt nach BEZZEL (1985) schätzungsweise nur noch 50 – ca. 800 Brutpaare; die starke Schwankung ergibt sich

ten, halten dann jedoch genau begrenzte Reviere ein. So brüteten 1967 im Donaumoos bei Ulm 13 Paare auf 2,5 km^2, wobei der geringste Abstand zwischen zwei Nestern 145 m betrug. Die Größe von 7 benachbarten Revieren variierte zwischen 9 und 22 ha und ergab einen Durchschnitt von 15 ha. Das Jagdgebiet ist dabei jedoch wesentlich größer und kann sich bis 2 km weit vom Nest entfernt erstrecken.

Sumpfohreule in Tarnstellung, bei der der sonst auffällige Schleier eng zusammengezogen wird. Zeichnung Friedhelm Weick aus „Glutz & Bauer, Handbuch der Vögel Mitteleuropas, Band 9" Aula-Verlag, Wiesbaden

aus der Abhängigkeit von Wühlmaus-Gradationen.
▲ Lebensraum: Offene Landschaften mit niedriger, aber gleichzeitig deckungsreicher Vegetation; vor allem feuchte, z. T. sumpfige Niederungen, Moore und Verlandungszonen, aber auch trockene Heidegebiete und Dünenlandschaften an der Küste. In kultiviertem Gelände findet die Eule nur dort Brutmöglichkeiten, wo vorjähriges Gras, Binsen und Schilf stehengelassen wurden und ausreichend Deckung bieten.
▲ Reviergröße und Siedlungsdichte: Generell sehr starke Abhängigkeit von der Wühlmausdichte. Im geeigneten Lebensraum können während einer Wühlmaus-Gradation durchaus mehrere Paare in enger Nachbarschaft zur Brut schrei-

▲ Jagdweise und Ernährung: Die Jagd wird meist im niedrigen Suchflug (0,3 bis 2 m über dem Boden) betrieben, wobei die Eule langsam gegen den Wind fliegend das Gelände absucht, dann mit dem Wind rasch zum Ausgangsort zurückfliegt und erneut den Suchflug gegen den Wind fortsetzt. Mitunter rüttelt sie auch. Mäuse werden sogar unter einer 12 cm hohen Schneedecke gegriffen, also akustisch lokalisiert.
Die Hauptnahrung (zu etwa

Oben: Sumpfohreule in typischer Tarnstellung mit zusammengezogenem Gesichtsschleier.

*Unten: Gelege
Aufnahmen K. Storsberg*

90 %) bilden *Wühlmäuse*, vor allem Feld- und Erdmäuse; bei deren Fehlen kann Umstellung auf *Vögel* oder andere *Kleinnager* stattfinden.

▲ Gewölle: ⌀ 48 mm lang und 22 mm dick.

▲ Fortpflanzung: Geschlechtsreife im 1. Lebensjahr. Balz ab März mit Rufreihen und Imponierflügen (siehe oben). In einer Mulde am Erdboden zwischen nicht zu dichter Vegetation wird

linge mit heftigen Stoßflügen vertreibt.

Frisch geschlüpfte Junge wiegen etwa 15 g; ihre Augen öffnen sich am 5. Tag. Das Dunenkleid ist gelblichweiß, das Zwischenkleid gelbgrau, wobei die schwarze Gesichtsmaske mit dem weißen „Schnurrbart" besonders auffällig und kennzeichnend ist. Schon im Alter von 15 – 17 Tagen krabbeln die Jungen aus dem Nest und ver-

Über dem Brutgebiet kreisendes Sumpfohreulen-Männchen. Aufnahme P. Zeininger

ein Nest aus trockenen Halmen gebaut.

Legebeginn: Mitunter schon im März, meist jedoch im April.

Gelegegröße: Je nach Nahrungsangebot 4–8, unter Umständen mehr Eier (⌀ 40,0 x 31,3 mm, 21 g).

Legeabstand: Meist 2 Tage.

Brutdauer: 26 Tage.

Das Weibchen brütet allein, während das Männchen in der Nähe Wache hält und Eindring-

teilen sich in der Umgebung, können aber erst mit 5 Wochen fliegen.

▲ Wanderungen: Nach dem Selbständigwerden wandern die Jungen oft sehr weit ab – mitunter viele hundert Kilometer weit, wie Beringungsergebnisse gezeigt haben. Im Herbst kann es in Mitteleuropa zu invasionsartigen Einflügen aus Nord- und Nordosteuropa kommen. Andererseits sind auch Umsiedlungen mitteleuropäischer Eulen nach Fennoskandien und in die Sowjetunion festgestellt worden, maximal 2400 km weit.

▲ Sterblichkeit: Wegen der Brut

am Erdboden können die Verluste sehr hoch sein, ebenso auf den ausgedehnten Wanderungen.

▲ Höchstalter: Aufgrund von Beringungsergebnissen bisher 12 Jahre festgestellt.

▲ Bestandsgefährdung: Ursprünglich war diese Eulenart in den großen Moorgebieten der Norddeutschen Tiefebene weit verbreitet und in Wühlmausjahren keineswegs selten. Durch Entwässerungs- und Kultivierungsmaßnahmen sind diese Lebensräume jedoch in den letzten Jahrzehnten fast vollständig verändert worden, so daß der typischen Pflanzen- und Tierwelt dieser Gebiete – wozu auch die Sumpfohreule zählt – die Existenzgrundlagen entzogen worden sind. Infolgedessen wird die Sumpfohreule in der Neufassung der „Roten Liste" der BRD in der Kategorie „vom Aussterben bedroht" eingestuft werden.

Jungvogel in der Umgebung des Nestes. Aufnahme K. Storsberg

GERBER, R. (1960): Die Sumpfohreule (*Asio flammeus* Pont.). – Neue Brehm-Bücherei, Band 259. – A. Ziemsen Verlag, Wittenberg Lutherstadt.
HÖLZINGER, J., M. MICKLEY & K. SCHILHANSL (1973): Untersuchungen zur Brut- und Ernährungsbiologie der Sumpfohreule (*Asio flammeus*) in einem süddeutschen Brutgebiet mit Bemerkungen zum Auftreten der Art in Mitteleuropa. – Anz. Orn. Ges. Bayern 12: 176–197.

Hilfsmaßnahmen

Der Sumpfohreule kann im Prinzip nur dadurch geholfen werden, daß noch vorhandene Lebensräume erhalten und potentiell geeignete Flächen durch entsprechende Pflegemaßnahmen so hergerichtet werden, daß sie wieder als Lebensräume in Frage kommen. In Einzelfällen hat man schon erfolgreich ehemalige Moorgebiete, die von Entwässerungsgräben durchzogen, weitgehend trocken und inzwischen stark verbirkt waren, durch Schließung der Gräben wieder mit Wasser gefüllt, den Birkenaufwuchs beseitigt und das Moor mit seiner typischen Flora zu neuem Leben erweckt. Dadurch wurde auch der Sumpfohreule neuer Lebensraum eröffnet.

▲ Vorkommen: In den Mittelmeerländern sehr verbreitet. Nördlich der Alpen nur ausnahmsweise erscheinend.

▲ Kennzeichen: Kleinste Ohreule, noch etwas kleiner und schlanker als der Steinkauz. Durch das rindenfarbige Gefieder ist sie am Tagesruheplatz meist gut getarnt und schwer zu entdecken: oberseits graubraun, unterseits hellgrau, je-

Zwergohreule
Otus scops

Größe: Ca. 20 cm.
Spannweite: 49–54 cm.
Gewicht: 80–100 g.

weils mit dunklen Längsstreifen und feinen Querverästelungen. Die Federohren sind relativ kurz, also wenig auffallend, zumal sie angelegt werden können. Die Iris der Augen ist zitronengelb, der Schnabel grau; die Zehen sind unbefiedert. Der Flug ist ziemlich schnell und gewandt; die Flügel sind auffallend lang, der Schwanz ist kurz. Männchen und Weibchen sind äußerlich nicht zu unterscheiden, nur durch Stimme und Verhalten.

▲ Verhalten: Tagsüber stets versteckt sitzend; erst in der Dämmerung und nachts aktiv mit Schwerpunkt vor Mitternacht. Die Eule ist von April bis Juni aufgrund des nächtlichen, monotonen Reviergesanges sehr auffallend und am ehesten nachweisbar. Revierbesitzende Männchen lassen sich durch Imitation der Rufe heranlocken.

▲ Stimme: Die häufigsten Lautäußerungen von Männchen und Weibchen sind eintönige „djüt"-Rufe, die in Abständen von 2–3 Sekunden ständig – oft stundenlang – wiederholt werden und bei der Verpaarung auch als Duett ertönen. Sie sind gut 300 m weit zu hören. (Die sehr ähnlichen, ebenfalls in Intervallen geäußerten, einsilbigen „büp"-Rufe der Geburtshelferkröte sind deutlich kürzer.) Ferner gibt es leisere Lockrufe sowie bei Störung grelle „gwiä"-Schreie.
Der Bettellaut der Jungen klingt wie „tsäg" und ertönt in regelmäßigen Abständen von 1,5 Sekunden.

▲ Verbreitung: Von den Mittelmeerländern einschließlich Nordafrika über Südosteuropa und Kleinasien einerseits bis nach Westsibirien, andererseits über Vorder- und Hinterindien bis nach Südostasien. Die

Zwergohreule. Aufnahme A. Limbrunner

Nordgrenze der europäischen Verbreitung verläuft durch Mittelfrankreich und das Elsaß, die Südschweiz, Österreich, Ungarn, die Südslowakei, Rumänien, die Ukraine und Mittelrußland.

Durch Zugverlängerung kann es auch weiter nördlich zu Sommeraufenthalten an warmen Stellen kommen (vor allem an Südhängen); ganz ausnahmsweise schreiten die Vögel hier dann sogar zur Brut (so z. B. 1960 in Mainfranken).

▲ <u>Lebensraum:</u> Warme und trockene, ziemlich offene Landschaften mit alten Bäumen, z. B. Obstgärten, Parkanlagen, Alleen, Feldgehölze und Randzonen lichter Laubwälder, in denen es ein reiches Angebot an Heuschrecken und Käfern gibt.

▲ <u>Siedlungsdichte:</u> Kann im geeigneten Lebensraum erstaunlich hoch sein – so z. B. in Südtirol bis 5 Paare auf 1 ha.

▲ Jagdweise und Ernährung: Vorwiegend Ansitzjäger, der seine Beute vom Erdboden oder von Zweigen und Blättern der Laubbäume aufnimmt: hauptsächlich *Heuschrecken, Grillen, Käfer, Schmetterlinge* und *Zikaden*; daneben auch *Spinnen, Regenwürmer, Asseln, Kleinvögel, Laubfrösche* und *Kleinsäuger.*

▲ Gewölle: ⌀27 mm lang und 11 mm dick.

Die Gewölle der Zwergohreule bestehen meist nur aus Chitin-

Vom Sichtpeilen abzuleitendes Bettelschaukeln eines Jungvogels. Zeichnung Friedhelm Weick aus „Glutz & Bauer, Handbuch der Vögel Mitteleuropas, Band 9" Aula-Verlag, Wiesbaden

Zwergohreule an der Bruthöhle Aufnahme F. Sauer

resten verschiedener Insekten, zerfallen leicht und sind deshalb selten zu finden.

▲ Fortpflanzung: Geschlechtsreife mit 10 Monaten. Als Brutplatz dienen natürliche Baumhöhlen, alte Spechthöhlen, Mauerlöcher und gelegentlich auch Nistkästen.

Legebeginn: Mitte Mai bis Mitte Juni.

Gelegegröße: Meist 3–4, seltener 2, ausnahmsweise 5–6 Eier (∅ 31,3 x 27,0 mm, 13 g).

Legeabstand: 2 Tage.

Brutbeginn: Erst ab dem dritten Ei.

mindestens 6 Jahre, in Gefangenschaft mindestens 12 Jahre.

▲ Bestandsgefährdung: Während der letzten zwei Jahrzehnte ist in der Schweiz, in Österreich und in der Tschechoslowakei – also an der nördlichen Verbreitungsgrenze – ein besonders drastischer Bestandsrückgang beobachtet worden, der vor allem auf Lebensraumveränderungen infolge Intensivierung der Landwirtschaft und im Zusammenhang damit auf das Verschwinden von größeren Insekten, also im wesentlichen auf eine starke Verminderung der

Hilfsmaßnahmen

Wo in geeigneten Lebensräumen dank extensiver Nutzung ein ausreichendes Nahrungsangebot gewährleistet ist, sollten die alten Bäume mit Brutmöglichkeiten erhalten werden. Als Übergangshilfe können auch Nistkästen angeboten werden, die mindestens 10 x 20 cm Bodenfläche, 30 cm Höhe und einen Fluglochdurchmesser von 8 cm haben müssen.

Brutdauer (pro Ei): 25 Tage.

Nestlingsdauer: 21–29 Tage.

Mit 33 Tagen sind die Jungen voll flugfähig; sie werden danach noch 4–6 Wochen von den Eltern betreut.

▲ Wanderungen: Ausgesprochener Zugvogel, der größtenteils in der Savannenzone Afrikas überwintert, in kleiner Zahl auch in Spanien, Nordafrika und Griechenland. Im nördlichen Verbreitungsgebiet Wegzug ab August, Rückkehr in der 2. Aprilhälfte.

▲ Höchstalter: Im Freiland

Nahrungsbasis, zurückzuführen ist.

KOENIG, L. (1973): Das Aktionssystem der Zwergohreule *Otus scops* (Linné 1758). – Fortschritte der Verhaltensforschung 13: 1–124.

MEBS, TH. (1960): Die Zwergohreule (*Otus scops*) als Brutvogel an der Halburg bei Volkach/Main. – Anz. Orn. Ges. Bayern 5: 584–590.

▲ <u>Vorkommen:</u> Hauptsächlich in Nordosteuropa (Schweden, Finnland, Sowjetunion), aber auch in Gebirgen Südosteuropas (Jugoslawien, Rumänien, Ostslowakei). In Deutschland nur als äußerst seltener Gast.

▲ <u>Kennzeichen:</u> Ähnlich Waldkauz, aber erheblich größer und in der Gefiederfärbung meist heller.

Unterseits mit dunklen Längs-

Habichtskauz
Strix uralensis

Größe: 54–61 cm.
Spannweite: Männchen 115 cm, Weibchen 125 cm.
Gewicht: Männchen ⌀ 660 g, Weibchen ⌀ 950 g.

streifen ohne Querzeichnung. Der sehr deutlich ausgeprägte Gesichtsschleier ist auffallend hell mit zarter dunkler Radial-Strichelung und dunklem Mittelstrich oberhalb des gelben Schnabels. Die Iris der verhältnismäßig kleinen Augen ist schwarzbraun. Der Schwanz ist relativ lang und keilförmig abgerundet. Im Flugbild erinnern die längsgestreifte Unterseite und die kräftige Querbänderung auf Schwanz und Flügeln an einen jungen Habicht. Weibchen etwas größer als Männchen.

▲ <u>Verhalten:</u> Vorwiegend dämmerungs- und nachtaktiv, aber auch tagaktiv, vor allem während der Jungenaufzucht; gelegentlich auch im Winter bei Tag jagend. Wenig scheu, so daß mitunter Annäherung bis auf wenige Meter möglich ist. Am Brutplatz reagieren die Weibchen oft sehr aggressiv auf Störungen.

▲ <u>Stimme:</u> Viele sehr variable Laute. Ganzjährig, vor allem im Herbst und Spätwinter, äußern Männchen und Weibchen die durchdringenden und weitvernehmbaren bellenden Rufe „wau-wau", die in Abständen von 2 – 4 Sekunden oft eine Stunde lang zu hören sind; außerdem ein kreischendes „korah", auch im Duett. Der Reviergesang des Männchens im Frühjahr besteht aus einer Folge tiefer und dumpfer „huh"-Laute, die im Abstand von 2 – 5 Sekunden ertönen und teils laut hallend (gegenüber Rivalen, 1 – 2 km weit zu hören), teils leise und weich (gegenüber dem Weibchen, nur etwa 300 m weit hörbar) vorgetragen werden. Der Revierruf des Weibchens ist ein rauh krächzendes „kchräik" (an Graureiher erinnernd); der Warnruf ein lautes, heiseres „chuäck".

Die „pschiit"-Bettelrufe der Jungen ähneln denen junger Waldkäuze.

▲ <u>Verbreitung:</u> Von Schweden

und Finnland an ostwärts in der Taiga-Zone Eurasiens bis nach Sachalin, Korea und Japan; außerdem – als eiszeitliche Reliktvorkommen – in den Gebirgen Südeuropas (Beskiden, Karpaten, Gebirge in Jugoslawien) bzw. in Zentralchina.
Früher kam der Habichtskauz auch im Böhmerwald sowie in Kärnten und in der Steiermark als sporadischer Brutvogel vor; es gibt aber von dort keine sicheren Nachweise aus unserer Zeit.

▲ <u>Lebensraum:</u> In der Ostslowakei und in den Gebirgen Jugoslawiens meist in alten Rotbuchenbeständen lebend, in denen vorwiegend alte Greifvogelhorste als Brutplatz dienen. In Schweden und Finnland ge-

nerell in reich strukturierten Laub- und Mischwäldern mit lichten Altholzbeständen.

▲ Siedlungsdichte: Kann bei gutem Nahrungs- und Brutplatzangebot recht hoch sein: In der Ostslowakei brüteten 3 Paare erfolgreich nur 300–500 m voneinander entfernt, während sonst der Abstand zwischen benachbarten Brutplätzen 2–5 km beträgt. In Schweden beträgt die Siedlungsdichte unter optimalen Verhältnissen 2–3 Brutpaare auf 10 km^2, wird jedoch großflächig im Durchschnitt auf nur 5 Brutpaare pro 100 km^2 geschätzt.

Jagdweise und Ernährung: Der Habichtskauz jagt wie der Waldkauz im Wald, meist vom Ansitz aus, scheint aber in stärkerem Maße als jener auch auf offene Jagdflächen (Lichtungen, Wiesen, Moore) angewiesen zu sein.

Seine Beutetiere sind hauptsächlich *Wühlmäuse*, die $2/3$ der Gesamtnahrung ausmachen; daneben werden *Spitzmäuse* – besonders im Winter – sowie *Vögel*, *Amphibien* und *Insekten* erbeutet.

Mäuse werden noch unter 20 – 30 cm hohem Schnee gegriffen – also offenbar akustisch lokalisiert.

▲ Gewölle: ⌀ 62 mm lang und 25 mm dick.

Die Gewölle vom Habichtskauz sind aufgrund des häufigen Wechsels der Tageseinstände nur schwer zu finden; im übrigen von großen Waldkauz-Gewöllen kaum unterscheidbar.

▲ Fortpflanzung: Geschlechtsreife im 1. Lebensjahr. Balz

schon ab Januar mit Höhepunkt im März. Als Brutplatz dienen in Südosteuropa meist Greifvogelhorste, während in Nordeuropa häufiger Baumhöhlen in abgebrochenen Stämmen benutzt werden, außerdem auch entsprechend große Nistkästen. Nur 1 Jahresbrut, jedoch bei Nahrungsverknappung totaler Brutausfall.
Legebeginn: Ende Februar bis Mitte April.
*Gelegegröße:*1–6, meist 3–4 Eier (⌀ 49,9 x 41,7 mm, 50 g).
Legeabstand: 2–3 Tage.
Brutdauer: 28 Tage.
Frisch geschlüpfte Junge wiegen etwa 36 g; ihr Dunenkleid ist weiß. Das darauf folgende

▲ Höchstalter: 22 Jahre.
▲ Bestandsgefährdung: In der Ostslowakei ist die Art wegen ihrer Vertrautheit vor allem durch widerrechtliche Abschüsse sehr gefährdet. In Schweden und Finnland werden durch die intensivierte Forstwirtschaft vielerorts die Höhlenbäume beseitigt, so daß die Habichtskäuze vermehrt zum Brüten auf offenen Horsten oder in Nistkästen gezwungen sind. Andererseits erhalten sie durch die Kahlschlagwirtschaft zusätzliche Jagdflächen. Infolgedessen ist in den letzten Jahrzehnten in Schweden und Finnland eine Bestandszunahme beobachtet worden.

Hilfsmaßnahmen

Der Höhlenmangel kann durch Anbieten von geeigneten Nistkästen zumindest teilweise ausgeglichen werden.

Zwischenkleid ist dem junger Waldkäuze sehr ähnlich, nämlich grau oder graubraun mit dichter weißer Querbänderung. Normalerweise verlassen die Jungen im Alter von 35 Tagen den Horst, bei Störungen auch schon früher. Beide Altvögel bewachen und verteidigen ihre eben ausgeflogenen Jungen und führen gegen mögliche Feinde – auch gegen eindringende Menschen – sehr heftige Angriffsflüge aus. Mit 6 Wochen sind die Jungen flügge, werden aber noch etwa 2 Monate von den Eltern versorgt.
▲ Wanderungen: Altvögel bleiben in der Regel im Revier, während Jungvögel verstreichen, maximal aber nur 150 km weit.

BAUER, Z. & J. TICHY (1960): Der Habichtskauz (*Strix uralensis* Pallas) und seine Umwelt im westlichen Teil der Ostkarpaten. – Zool. Listy 9: 339–352.
LUNDBERG, A. (1981): Population ecology of the Ural Owl *Strix uralensis* in Central Sweden. – Ornis Scandinavica 12: 111–119.
SCHERZINGER, W. (1980): Zur Ethologie der Fortpflanzung und Jugendentwicklung des Habichtskauzes (*Strix uralensis*) mit Vergleichen zum Waldkauz (*Strix aluco*). – Bonner zool. Monographien 15: 1–66.

Habichtskauz-Ästling Aufnahme W. Scherzinger

▲ Vorkommen: Brutvogel in Fennoskandien. In Mitteleuropa nur als sehr seltener und unregelmäßiger Gast im Winterhalbjahr.

▲ Kennzeichen: Fast so groß wie eine Waldohreule, jedoch ohne Federohren. Relativ kleiner Kopf mit flacher Stirn, hellgelbe Augen; der weiße Gesichtsschleier ist über den

Sperbereule
Surnia ulula

Größe: 36–41 cm.
Spannweite: 70–80 cm.
Gewicht: Männchen ∅ 270 g, Weibchen ∅ 320 g.

Augen und an den Seiten schwarzbraun umrandet.

Oberseite dunkelbraun mit weißlicher Fleckung, während die weiße Unterseite mit schmalen braunen Querbändern „gesperbert" ist. Langer, keilförmiger Schwanz. Kurze, ziemlich spitze Flügel. Im schnellen und gewandten Flug wie auch in der Jagdweise ähnelt die Sperbereule mehr einem Greifvogel als einer Eule.

▲ Verhalten: Tag- und dämmerungsaktiv, wenig scheu. Sitzt gern frei auf einem dürren Ast, von wo aus sie das Gelände überwacht, zuckt in der Erregung häufig mit dem langen Schwanz und läßt bei Störungen schrille Rufreihen hören. Beim Sichern dreht sie ruckartig den Kopf um ca. 180°. Am Brutplatz ziemlich aggressiv.

▲ Stimme: Der Reviergesang des Männchens im Frühjahr – zu jeder Tageszeit – besteht aus einem 2–3 Sekunden langen klangvollen Trillern, das leise beginnt und sich dann steigert: „hu-hu-hu-üüüüü".

Das Weibchen trillert ähnlich. Bei schwacher Erregung äußern Männchen und Weibchen häufig einen kurzen Triller „kiiiiirl" von sehr variablem Klang. Als Warn- und Schrecklaute sind während des ganzen Jahres – auch fern vom Brutplatz – gellende „kwi-kwi-kwi-kwi-kwi"-Rufe (das sogenannte Wiehern) zu hören.

Die Bettelrufe der Jungen klingen wie „tschi-epp".

▲ Verbreitung: Von Norwegen an quer durch die boreale Nadelwaldzone (Taiga) Eurasiens bis nach Kamtschatka und Sachalin, außerdem in Alaska und Kanada. Die Nordgrenze der Verbreitung fällt etwa mit der Waldgrenze zusammen.

Brütet in Fennoskandien normalerweise zwischen dem 70.

100

und 64. Breitengrad, ausnahmsweise (nach Invasionen) auch südlicher, bis etwa zum 61. Breitengrad; in der europäischen Sowjetunion südwärts bis etwa zum 55. Breitengrad.

▲ <u>Lebensraum:</u> Borealer Nadelwald oder Gebirgswälder, vor allem lichte Kiefernbestände mit angrenzenden offenen Stellen, wie Hochmooren oder Kahlschlägen.

▲ <u>Siedlungsdichte:</u> Bestand und Siedlungsdichte unterliegen großen Schwankungen in starker Abhängigkeit vom Massenwechsel der Wühlmäuse und Lemminge, welche die Hauptbeutetiere darstellen. Bei entsprechend günstigen Voraussetzungen wird die Siedlungsdichte in Schweden auf 20 Brutpaare pro 100 km^2 geschätzt.

▲ <u>Jagdweise und Ernährung:</u> Am häufigsten jagt die Sperbereule – am Tage und in der Dämmerung – von einer erhöhten Warte aus, die sie im Sturzflug verläßt, um am Erdboden Kleinsäuger zu schlagen. Ansonsten jagt sie im niedrigen Suchflug mit eingeschalteten Gleitflugstrecken; dabei rüttelt sie auch wie ein Turmfalke.

Zur Brutzeit ernährt sie sich und ihre Jungen fast ausschließlich von *Wühlmäusen* und *Lemmingen.* Daneben erbeutet sie andere *Kleinsäuger* und – vor allem im Winter – auch kleine und mittelgroße *Vögel.*

▲ <u>Gewölle:</u> ∅ 41 mm lang und 22 mm dick.

▲ <u>Fortpflanzung:</u> Geschlechtsreife im 1. Lebensjahr. Balz von Anfang März bis Mitte April.

Gelegegröße: 3–13, meist 5–8 Eier (∅ 39,7 x 31,1 mm, 22 g).
Legeabstand: 1–2 Tage.
Brutdauer: 28–30 Tage.

Die Jungen fliegen aus einer Spechthöhle mit etwa 5 Wochen aus, während sie ein offenes Nest schon im Alter von 3 bis 4 Wochen – also noch flugunfähig – verlassen. Sie lassen dann häufig ihre eigenartigen Bettelrufe ertönen, um von den Eltern mit Nahrung versorgt zu werden. Erst Ende August werden sie selbständig.

▲ Wanderungen: In Nordeuropa ist die Sperbereule teils Stand- und Strichvogel, teils führt sie in manchen Jahren – nach dem Zusammenbruch von Wühlmaus- bzw. Lemming-Gradationen – sehr ausgedehnte Wanderungen durch. Diese können zu entsprechend starken Invasionen im südlichen Fennoskandien führen und im Zusammenhang damit auch zu Einflügen nach Mitteleuropa (z. B. zuletzt im Herbst 1983).

▲ Höchstalter: ?

Junge Sperbereule kurz nach Verlassen des Nestes. Aufnahme F. Sauer

---

Hilfsmaßnahmen

Die Erhaltung der Lebensräume und der natürlichen Brutplätze ist auch bei dieser Art die Grundvoraussetzung für die Sicherung des Bestandes, während das Anbringen von Nistkästen nur in Einzelfällen nützlich sein kann.

Als Brutplatz wird mit Vorliebe die Höhlung in der Spitze eines abgebrochenen Baumstammes gewählt; aber auch Schwarzspechthöhlen oder andere natürliche Baumhöhlen werden bezogen, gelegentlich auch Nistkästen.
Legebeginn: Anfang April bis Mitte Mai. 1 Brut im Jahr.

Mikkola, H. (1971): Zur Ernährung der Sperbereule (*Surnia ulula*) zur Brutzeit. – Angewandte Ornithologie 3: 133–141.

Sperbereulen-Ästling Aufnahme W. Scherzinger

▲ Vorkommen: In arktischen Gebieten, deshalb nur in Nordeuropa als Brutvogel anzutreffen; von dort unregelmäßiger, sehr seltener Wintergast in Mitteleuropa.

▲ Kennzeichen: Fast genauso groß wie ein Uhu.

Männchen schneeweiß, oft ohne jede dunkle Zeichnung, sonst mit wenigen dunklen

Schnee-Eule
Nyctea scandiaca

Größe: Männchen 59 cm, Weibchen 64 cm.
Spannweite: 150–160 cm.
Gewicht: Männchen ∅ 1700 g, Weibchen ∅ 2100 g.

Punkten oder Querlinien. Weibchen weiß mit dunkler Fleckung und Bänderung. Runder, verhältnismäßig kleiner Kopf mit goldgelben Augen. Der schwarze Schnabel ist größtenteils von dichten weißen Federn bedeckt. Die Fänge sind bis zu den schwarzen Krallen ebenfalls dicht befiedert. Der Schwanz ist ziemlich kurz, die Flügel sind lang.

▲ Verhalten: Dämmerungs- und tagaktiv.

Fliegt schnell und gewandt mit raschen Flügelschlägen, die von Gleitflugstrecken unterbrochen sind. Im Brutgebiet markiert das Männchen sein Revier durch lebhaftes Rufen und einen wellenförmigen Imponierflug, bei dem es die langen Flügel schräg nach oben hält (siehe Abb. S. 108!).

Eindringlinge attackiert das Männchen im Sturzflug, während das Weibchen diese durch Vortäuschen von Flugunfähigkeit zu „verleiten" versucht. In Ruhepausen sitzt die Schnee-Eule oft fast reglos auf niedrigen Warten oder Bodenerhebungen. Außerhalb der Fortpflanzungszeit ist sie ziemlich scheu.

▲ Stimme: Im Brutgebiet äußert das Männchen bei Erregung und als Reviergesang eine Folge von 2 – 6 tiefen, rauhen „whu"-Lauten, die sowohl im Sitzen als auch im Flug vorgebracht werden, kilometerweit hörbar sind und an Hundegebell erinnern.

Daneben lassen Männchen und Weibchen am Brutplatz gakkernde Laute hören – oft gleichzeitig. Außerhalb der Fortpflanzungszeit sind sie in der Regel stumm.

Der Bettelruf der Jungen ist ein durchdringendes, quietschendes „chsiij".

▲ Verbreitung: Zirkumpolarer Brutvogel der Arktis bis in die nördlichsten eisfreien Gebiete, vor allem in der Tundra der nördlichen Sowjetunion, im arktischen Kanada und auf

106

Grönland. In Island nicht regelmäßig brütend; vereinzelt auf den Shetland-Inseln. Auch in den weiträumigen Fjells der Gebirgstundra Norwegens und Schwedens sowie im nördlichen Finnland stehen Brutvorkommen der Schnee-Eule in engem Zusammenhang mit den zyklischen Bestandsschwankungen der Lemminge, ihrer Hauptbeutetiere.

Bei Lemming-Gradationen (so z. B. im Jahre 1978) wurden in Skandinavien – südwärts bis Hardangervidda und Dalarna – schon mehr als 100 Brutpaare gezählt; umgekehrt fand man wenn es wenig Lemminge gab, in anderen Jahren überhaupt keine Bruten.

▲ Lebensraum: Offenes, übersichtliches Gelände der skandinavischen Fjells und der arktischen Tundra mit erhöhten Stellen, die relativ früh schneefrei und trocken sind. Auch im Winter meist in offener Landschaft, z. B. im Küstenbereich.

Imponierflug des Schnee-Eulen-Männchens. A Gleitphase, B Landung. Zeichnung Friedhelm Weick aus „Glutz & Bauer, Handbuch der Vögel Mitteleuropas, Band 9" Aula-Verlag, Wiesbaden

▲ Reviergröße und Siedlungsdichte: Bei Lemming-Gradationen kann die Siedlungsdichte entsprechend groß sein und etwa 10 Brutpaare auf 100 km^2 betragen. Als Reviergröße eines einzelnen Brutpaares wurden in Norwegen 3,5 km^2 ermittelt.

▲ Jagdweise und Ernährung: Die Jagd findet ausschließlich in offenem Gelände statt und wird meist von niedrigen Ansitzwarten aus (mit Angriffsflügen bis 160 m weit), seltener im Pirschflug betrieben.

In den skandinavischen Brutgebieten besteht die Nahrung zu etwa *85 %* aus *Lemmingen* und anderen *Wühlmäusen*, daneben aus *Vögeln* bis zu Entengröße. Wenn Kleinsäuger und Wasservögel spärlich werden oder fehlen, bilden *Schneehühner* eine begehrte Ersatznahrung.

Im Winter können die Tiere sehr fett und schwer sein.

▲ Gewölle: 56–153 mm ($\varnothing$ 71 mm) lang, 19–40 mm ($\varnothing$ 27 mm) dick.

▲ Fortpflanzung: Meist erst zu Ende des 2. Lebensjahres fortpflanzungsfähig. Eine Brut jedoch findet nur dann statt, wenn genügend Beutetiere vorhanden sind wie in Lemming-Jahren. In gleichem Sinne sind

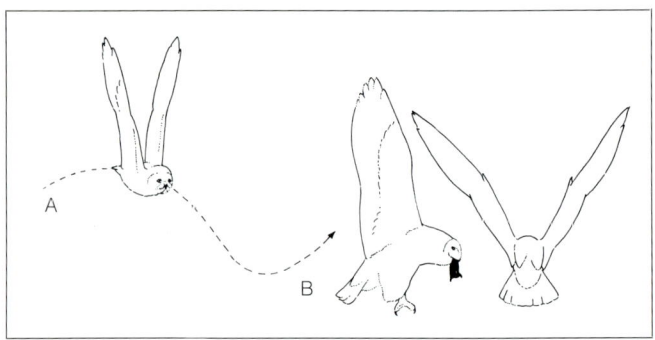

Gelegegröße und Bruterfolg sehr vom Nahrungsangebot abhängig.
Brutplatz an erhöhten, trockenen und windgeschützten Stellen, wo in den mit Moosen und Flechten bewachsenen Boden eine flache, 6–13 cm tiefe Mulde gescharrt wird.

Legebeginn: Meist in der 2. Maihälfte.
Gelegegröße: In der Regel 7–9, je nach Ernährungssituation aber auch weniger oder mehr

Eier (∅ 56,4 x 44,7 mm, 60 g).
Legeabstand: 2 Tage.
Brutbeginn: Ab dem ersten Ei.
Das Weibchen brütet allein,
während das Männchen Nah-
rung herbeiträgt und Wache
hält.
Brutdauer: 32–34 Tage.
Die Jungen schlüpfen entsprechend den Lege-Intervallen in
Abständen von etwa 2 Tagen,
was auffällige Größenunterschiede zur Folge hat. Beim
Schlüpfen wiegen sie etwa 46 g,
wachsen aber enorm rasch –
wohl wegen der ständigen Helligkeit im arktischen Sommer –
und können mit 3 Wochen
schon das 20fache ihres Ge-
burtsgewichtes erreicht haben.
Das Dunenkleid ist weiß, das
Zwischenkleid   dunkelbraun.
Im Alter von 2–3 Wochen kommen die Jungen ins Wandersta-
dium. Während das Weibchen
noch die kleineren Jungen hudert, liegen die größeren verstreut im der Umgebung. Mit 5
Wochen können die Jungen
schon über kurze Strecken fliegen, ausdauernd jedoch erst mit
etwa 8 Wochen: Dann fangen
sie auch an, selbständig Beute
zu schlagen.
▲ Wanderungen: Strich- und
Zugvogel, der im Herbst den
Bereich der Polarnacht verläßt
und – vor allem nach Lemming-
jahren mit hohem Bruterfolg –
auffällige Wanderungen aus-
führt. Diese Invasionen erstrek-
ken sich normalerweise bis ins
südliche Skandinavien, ins Baltikum und nach Mittelrußland,
ausnahmsweise auch noch weiter nach Süden.

▲ Sterblichkeit: Im Brutgebiet
sind die Verluste gewöhnlich
gering, auf den Wanderungen
dagegen meist sehr hoch. Allerdings sind im Winter die subku-
tanen Fettablagerungen bis zu 2
cm dick, so daß die Tiere angeb-
lich bis zu 3 Wochen ohne Nah-
rungsaufnahme überleben können.
▲ Höchstalter: Im Freiland bisher 9 Jahre, in Gefangenschaft
einmal mehr als 28 Jahre.
▲ Bestandsgefährdung: Langfristig betrachtet scheint der
Schnee-Eulen-Bestand in Skandinavien seit der Jahrhundert-
wende stetig abzunehmen, was
vor allem auf klimatische Veränderungen   zurückzuführen
sein dürfte. Die starken kurzfri-
stigen Bestandsschwankungen
erfolgen dagegen in enger Abhängigkeit   vom   zyklischen
Massenwechsel der Lemminge
(s. oben).

PORTENKO, L. A. (1972): Die
Schnee-Eule (*Nyctea scandiaca*).
– Neue Brehm-Bücherei, Band
454 – A. Ziemsen Verlag, Wittenberg Lutherstadt.
SCHERZINGER, W. (1974): Zur
Ethologie und Jugendentwicklung der Schnee-Eule (*Nyctea
scandiaca*) nach Beobachtungen
in der Gefangenschaft. – Journal f. Ornithologie 115: 8–49.

Hilfsmaßnahmen

Hilfsmaßnahmen sind bei dieser Art kaum möglich.

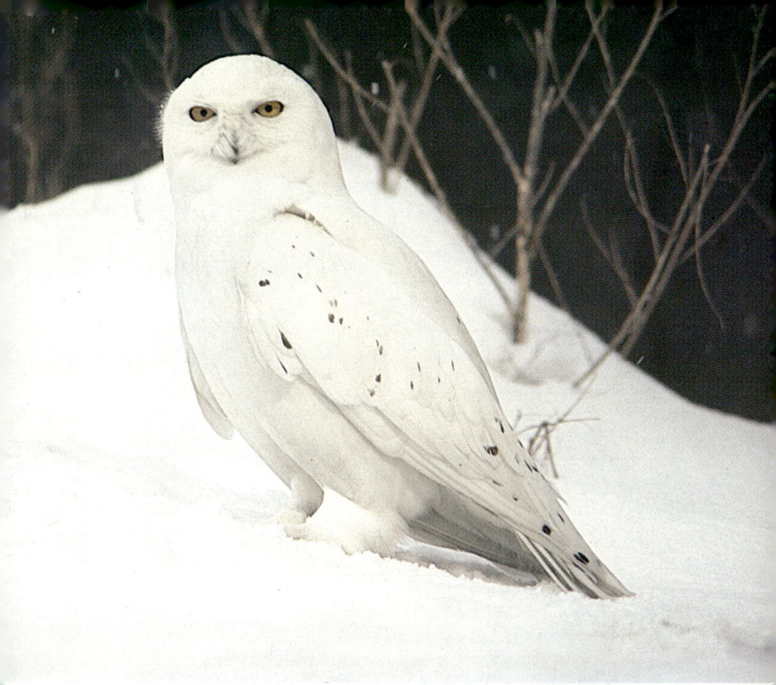

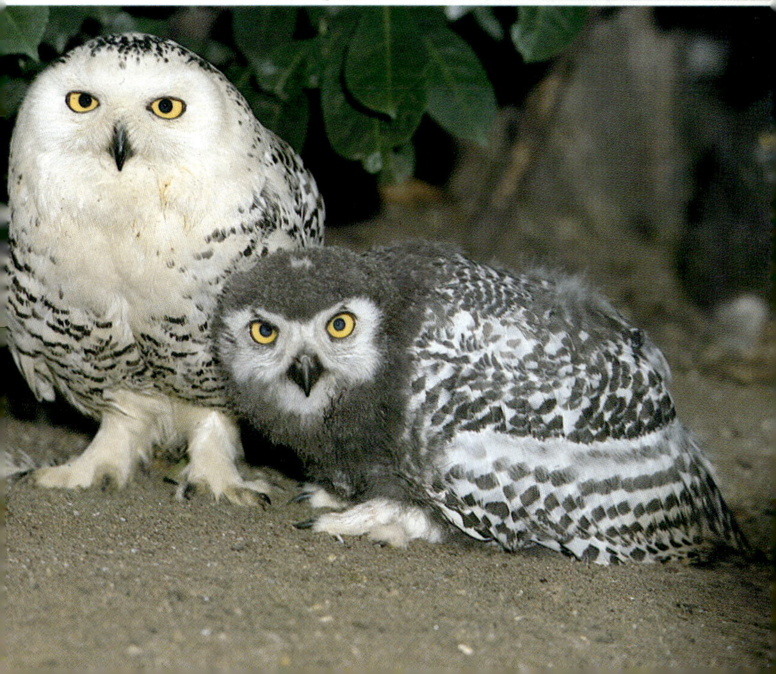

▲ Vorkommen: Nur im nördlichen Schweden und in Finnland anzutreffen, außerdem im Norden der Sowjetunion und Nordamerikas. Keine Nachweise in Mitteleuropa.
▲ Kennzeichen: Fast so groß wie ein Uhu, jedoch großer runder Kopf ohne Federohren; graue Färbung; ziemlich langer Schwanz.

Bartkauz
Strix nebulosa

Größe: 62 – 69 cm;
Weibchen etwas größer als Männchen.
Spannweite: 140 – 150 cm.
Gewicht: Männchen ⌀ 900 g, Weibchen ⌀ 1200 g.

Besonders auffallend ist das große Gesicht mit den verhältnismäßig kleinen gelben Augen, zwei halbmondförmigen weißen Wülsten zwischen Augen und Schnabel, dem schwarzen Kehlbart und 6 – 8 konzentrischen dunklen Ringen im sehr ausgeprägten Schleier. Die Unterseite zeigt bei der eurasischen Form auf hellem Grund kräftige dunkle Längsstreifen, bei der nordamerikanischen Form dagegen Querbänderung.
▲ Verhalten: Hauptsächlich in der Morgen- und Abenddämmerung aktiv; aber im Januar, wenn die Tage sehr kurz sind, sowie während der Jungenaufzuchtzeit im Juni auch am Tage jagend.
Flug verhältnismäßig langsam; nach 2 oder 3 Flügelschlägen folgt segelndes Gleiten. Die Jungen werden vom Weibchen sehr aggressiv verteidigt; es greift dann auch herankommende Menschen an.

▲ Stimme: Der Reviergesang des Männchens im Frühjahr ist eine Folge tiefer, dumpfer „ho-ho-ho-ho"-Rufe. Eine Strophe dauert 5–8 Sekunden und besteht aus 10–12 Rufen. Sie sind verhältnismäßig leise, etwa 500 m weit vernehmbar. Am Brutplatz sind unterschiedliche Lautäußerungen zu hören, z. B. der Warnruf des Männchens „hoch-hoch-hoch", der des Weibchens „kje-kje-kje"; der Lockruf des Weibchens ist ein weiches „njau".
Junge betteln hoch und schrill „ooh-ih".
▲ Verbreitung: Vom nördlichen Skandinavien ostwärts in der Taigazone quer durch Eurasien bis nach Ostsibirien und Sachalin; außerdem in Alaska und Kanada.
▲ Lebensraum: Hochstämmige, dichte Fichten- und Kiefern-

wälder mit angrenzenden offenen Flächen, z.B. Mooren oder Kahlschlägen.

▲ Siedlungsdichte: Bei hohem Nahrungsangebot (in Mäusejahren) kann die Siedlungsdichte bis zu 9 Brutpaare auf 100 km² betragen.

▲ Jagdweise und Ernährung: Jagd im Suchflug oder vom Ansitz aus, wobei die Beutetiere nur mit Hilfe des Gehörs lokalisiert werden, z.B. auch unter einer Schneeschicht.

Trotz seiner Größe erbeutet der Bartkauz auffallend kleine Tiere. Die Hauptnahrung bilden *Wühlmäuse* (vor allem Erdmäuse und Rötelmäuse) und *Spitzmäuse* (vor allem Waldspitzmäuse); in sehr geringem Umfang werden auch *Vögel* und *Frösche* erbeutet.

▲ Gewölle: ∅ 63 mm lang, 29 mm dick.

▲ Fortpflanzung: Die Brut findet meist auf alten Greifvogelhorsten (vor allem vom Habicht oder Mäusebussard) statt, aber auch auf Baumstubben von etwa 1,8 m Höhe, auf denen das Weibchen eine flache Vertiefung scharrt.

Balzzeit: Anfang März bis Mitte Mai.

Legebeginn: Anfang April bis Anfang Mai. Nachgelege bis Mitte Juni. 1 Jahresbrut; bei Mäusemangel findet jedoch gar keine Brut statt.

Gelegegröße: 3 – 6, meist 4 oder 5 Eier (∅ 53,2 x 42,4 mm, 50 g).

Legeabstand: 1 – 3 Tage.

Brutdauer: 28 – 30 Tage.

Die Jungen, die beim Schlüpfen etwa 40 g wiegen, wachsen sehr

Aufmerksam beobachten die Altvögel jede Störung. Aufnahme H. Reinhard

schnell und können bereits im Alter von 14 Tagen schon etwa 500 g schwer sein. Sie verlassen das Nest bereits mit 20 – 29 Tagen, können aber erst im Alter von 55 Tagen gut fliegen. Bis Mitte September bleiben sie noch im Familienverband.

▲ Wanderungen: Der Bartkauz ist im allgemeinen Stand- und Strichvogel. Nach dem Zusammenbruch von Mäuse-Gradationen finden jedoch in manchen Jahren ausgedehnte Wanderungen statt, die sich bis nach Südskandinavien und ins Baltikum erstrecken können.

▲ Höchstalter: In Gefangenschaft 27 Jahre.

Bestandsgefährdung: In den letzten Jahrzehnten hat in Finnland und im nördlichen Schweden eine deutliche Bestandszunahme des Bartkauzes stattgefunden. Gleichzeitig wurde eine südwärts gerichtete Ausdehnung des Brutareals beobachtet. Zwischen 1955 und 1977 wurden in Finnland insgesamt 287 Bruten registriert, zwischen 1955 und 1982 in Schweden insgesamt 302; allein im Jahr 1977 (Mäuse-Gradationsjahr) wurden in Finnland 49 und in Schweden 40 Bruten bekannt; im Jahr 1981 in Schweden sogar 76. Trotz gesetzlichem Schutz wird der Bartkauz in Nordschweden und Finnland oft von Jägern abgeschossen, meist infolge ungenügender Artenkenntnis.

MIKKOLA, H. (1981): Der Bartkauz (*Strix nebulosa*). Neue Brehm-Bücherei, Band 538. – A. Ziemsen Verlag, Wittenberg Lutherstadt.
STEFANSSON, O. (1983): Lappugglan *Strix nebulosa* i Sverige 1979–82. – Vår Fågelvärld 42: 245–250.

Hilfsmaßnahmen

Wirksamer Schutz für bekannte Brutplätze, Fernhalten von Störungen. In Kanada werden sehr erfolgreich künstliche Zweignester für den Bartkauz angebracht, besonders in Gebieten, in denen natürliche Nester selten sind.

Federvergleichstafel

Handschwingenfedern (etwa ¹/₃ nat. Größe)

Waldkauz

*Waldohr-
eule*

*Sumpfohr-
eule*

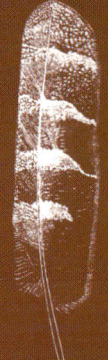
*Schleier-
eule*

Steinkauz

*Rauhfuß-
kauz*

*Sperlings-
kauz*

*Zwergohr-
eule*

Bestimmungshilfe für Federfunde

(Zeichnungen Friedhelm Weick aus „Glutz & Bauer, Handbuch der Vögel Mitteleuropas, Band 9" Aula-Verlag, Wiesbaden)

Schwanzfedern (etwa $\frac{1}{3}$ nat. Größe)

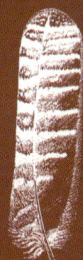

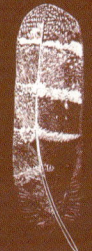

Waldkauz　　Waldohr-　　Sumpfohr-　　Schleier-
　　　　　　　eule　　　　eule　　　　　eule

Steinkauz　　Rauhfuß-　　Sperlings-　　Zwergohr-
　　　　　　　kauz　　　　kauz　　　　　eule

Literaturverzeichnis

BAUER, S. & G. THIELCKE (1982): Gefährdete Brutvogelarten in der Bundesrepublik Deutschland und im Land Berlin: Bestandsentwicklung, Gefährdungsursachen und Schutzmaßnahmen. – Vogelwarte 31: 1 – 391.

BEZZEL, E. (1984): Vögel, Band 2. – BLV Verlagsgesellschaft München, Wien, Zürich.

BEZZEL, E. (1985): Kompendium der Vögel Mitteleuropas: Nonpasseriformes – Nichtsingvögel. – Aula-Verlag, Wiesbaden.

BRÜLL, H. (1984): Das Leben europäischer Greifvögel. 4. Auflage. – Gustav Fischer Verlag, Stuttgart, New York.

BURTON, J. A. (1986): Eulen der Welt. – Verlag J. Neumann – Neudamm, Melsungen.

DS/IRV (1984): Rote Liste der Vögel (Aves). – Naturschutz aktuell, Nr. 1, 4. Auflage, Kilda-Verlag, Greven.

ECK, S. & H. BUSSE (1973): Eulen. Die rezenten und fossilen Formen. – Neue Brehm Bücherei, Band 469. – A. Ziemsen Verlag, Wittenberg Lutherstadt.

ELLENBERG, H. (1981): Greifvögel und Pestizide. – Ökologie der Vögel 3, Sonderheft.

GLUTZ VON BLOTZHEIM, U.N. & K.M. BAUER (1980): Handbuch der Vögel Mitteleuropas,

Aufmerksamer Rauhfußkauz. Zeichnung Friedhelm Weick aus „Glutz & Bauer, Handbuch der Vögel Mitteleuropas, Band 9" Aula-Verlag, Wiesbaden

Band 9. – Aula-Verlag, Wiesbaden.

HOSKING, E. & J. FLEGG (1982): Eric Hosking's Owls. – Pelham Books Ltd., London.

MÄRZ, R. (1969): Gewöll- und Rupfungskunde. – Akademie-Verlag, Berlin.

MIKKOLA, H. (1983): Owls of Europe. – Verlag T. & A. D. Poyser, Calton (England).

SCHERZINGER, W. (1981): Vorkommen und Gefährdung der vier kleinen Eulenarten in Mitteleuropa. – Ökologie der Vögel 3 (Sonderheft): 283 – 292.

SCHERZINGER, W. (1986): Die Naturgeschichte europäischer Eulen (Strigiformes). – Voliere 9: 96 – 109.

TROMMER, G. (1983): Greifvögel. Lebensweise, Schutz und Pflege der Greifvögel und Eulen. 3. Auflage. – Verlag Eugen Ulmer, Stuttgart.

UTTENDÖRFER, O. (1952): Neue Ergebnisse über die Ernährung der Greifvögel und Eulen. – Verlag Eugen Ulmer, Stuttgart.

VOOUS, K. H. (1962): Die Vogelwelt Europas und ihre Verbreitung. Ein tiergeographischer Atlas. Verlag Paul Parey, Hamburg und Berlin.

Weiterhelfende Adressen

AG zum Schutz
bedrohter Eulen
Mühlenweg 37 a
2948 Schortens 1

Aktion Wanderfalken-
und Uhuschutz
Rosbacher Weg 8
6362 Oberwöllstadt

Aktion zur
Wiedereinbürgerung des Uhus
Zum Homersch 2
5169 Heimbach-Hausen

Dachverband Deutscher
Avifaunisten
Auf der Horst 14
4400 Münster

Deutsche Ornithologen-
Gesellschaft
Senckenberganlage 25
6000 Frankfurt a. M.

Deutscher Bund für
Vogelschutz/Deutscher
Naturschutzverband eV
Am Hofgarten 4
5300 Bonn 1

Deutscher Jugendbund
für Naturbeobachtung
Buchenstraße 18
2000 Hamburg 60

Institut für Vogelforschung
„Vogelwarte Helgoland"
2940 Wilhelmshaven 15

Landesbund für Vogelschutz
in Bayern
Kirchenstraße 8
8543 Hilpoltstein

Vogelwarte Radolfzell
7760 Radolfzell-Möggingen

Vogelwarte Hiddensee
DDR–2346 Kloster
auf Hiddensee

Zentraler Fachausschuß
Ornithologie und Vogelschutz
der Gesellschaft für Natur und
Umwelt im Kulturbund der
DDR, Johannisstraße 2
DDR–1040 Berlin

Österreichische Gesellschaft
für Vogelkunde
Burgring 7
A–1010 Wien

Ala
Schweizerische Gesellschaft für
Vogelkunde und Vogelschutz
Krähenbergstr. 53
CH–2543 Lengnau

Schweizerische Vogelwarte
CH–6204 Sempach

Verband Schweizerischer
Vogelschutzvereine
Fliederweg 2
CH–6438 Ibach

Register

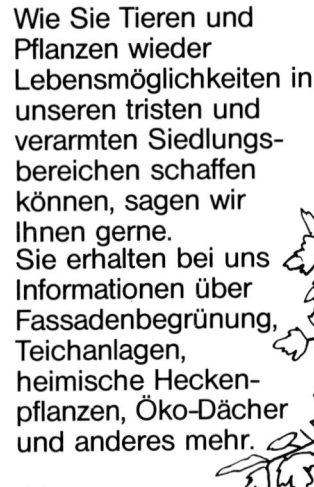

Größenvergleiche

Sperbereule

Waldkauz

Steinkauz

Sperlingskauz

Bartkauz

Habichtskauz

Rauhfußkauz